W0368877

Reme, vuestra profesora de español,

con cariño

ALEMANIA

Julio Camba

Julio Camba

ALEMANIA

Impresiones de un español

Prólogo de *Francisco Fuster*

COLECCIÓN *LOS VIAJEROS*
RENACIMIENTO MMXII

www.editorialrenacimiento.com
POLÍGONO NAVE EXPO, 17 • 41907 VALENCINA DE LA CONCEPCIÓN (SEVILLA)
tel.: (+34) 955998232 • editorial@editorialrenacimiento.com

Diseño de cubierta: Equipo Renacimiento

DEPÓSITO LEGAL: SE 3711-2012 • ISBN: 978-84-8472-712-5
Impreso en España • Printed in Spain

PRÓLOGO

El hombre menos alemán del mundo

«Los alemanes son grandes y yo soy chico, son rubios y yo soy moreno, son gordos y yo soy delgado. Los alemanes saben filosofía y matemáticas y griego y otra porción de cosas, y yo tengo una ignorancia enciclopédica que revela un gran españolismo».

Julio Camba

Aunque expresada en un tono irónico y con una intención inequívocamente provocadora, la afirmación –procedente de uno de los capítulos de este volumen– que he querido usar como exergo a este prólogo no es solamente una síntesis voluntariamente maniquea –una reducción al absurdo– de esas a las que nos tiene acostumbrados Julio Camba (Vilanova de Arousa, 1884-Madrid, 1962). Al contrario, en el caso del libro a cuya lectura pretendo invitar con estas breves páginas, se me antoja toda una declaración de principios y una manera muy gráfica de recordarnos que, efectivamente, por el Berlín de los años diez se paseaba un paisano nuestro al que jamás hubiésemos tomado por un nativo.

Ese español inconfundible fue junto con Azorín o Josep Pla, y en un registro –eso sí– muy distinto al de estos, uno de los mejores articulistas que ha dado la prensa española de la primera mitad del siglo XX; dentro del género de la crónica periodística escrita desde el extranjero, probablemente el más original y el que mejor ha resistido el paso del tiempo. Y lo es a pesar de que en la actualidad sea prácticamente un desconocido para el gran público, como lo era hasta hace bien poco otro autor –Manuel Chaves Nogales– rescatado del olvido gracias en parte al buen hacer de editoriales como Renacimiento, que han apostado por ir más allá del canon sancionado por una historia de la literatura española en la que los escritores de periódicos han ocupado –cuando lo hacían– un espacio tan reducido como el que solían llenar sus colaboraciones en la prensa diaria.

En el caso particular de Julio Camba, cuyo rescate demandé meses atrás en un breve ensayo en el que daba un repaso a la suerte –o la mala suerte– editorial de su obra en las últimas décadas[1], ha sido la conmemoración en 2012 del cincuenta aniversario de su muerte lo que parece haber despertado el interés de varias editoriales por reeditar algunos de sus libros más significativos. Con ello se brinda al lector actual la posibilidad de acercarse a una producción a la que –al menos en varios de sus títulos– hasta ahora era imposible acceder si no se recurría a las librerías de segunda mano para encontrar bien las primeras ediciones ya muy antiguas (y por consiguiente muy caras), o bien las más accesibles reediciones que hizo entre los cuarenta y los ochenta Espasa Calpe en su colección «Austral», sin duda el instrumento que mejor ha contribuido a difundir el nombre del escritor pontevedrés entre los lectores hispanohablantes de ambos lados del Atlántico.

1. Francisco Fuster, «Cincuenta años sin Julio Camba: razones para un rescate editorial», en *Ojos de Papel*, febrero de 2012 [www.ojosdepapel.com].

Como no podía ser de otra forma en un sello cuya trayectoria es merecidamente conocida por su apuesta en favor de una literatura de calidad y largo recorrido, al margen de gustos y modas coyunturales, Renacimiento quiere sumarse a esta redención de la figura de Camba y lo hace recuperando el que es –como sabe el buen conocedor de la obra cambiana y como comprobará el lector novel al cerrar estas páginas– uno de sus mejores libros. Porque, aun siendo –junto con *Londres: impresiones de un español* y *Playas, ciudades y montañas*, los tres aparecidos en 1916– uno de los primeros que publicó, o tal vez precisamente por ello, en este *Alemania: impresiones de un español* encontramos al que para muchos –entre los que me incluyo– es el Camba más genuino y auténtico: el joven periodista que llegó al Madrid de principios de siglo para probar suerte en el oficio y pasó en unos años de escribir gratis –o por una remuneración muy escasa– en la prensa anarquista y republicana a convertirse en uno de los periodistas mejor pagados de España y una de las firmas estrella del ABC de Torcuato Luca de Tena.

Cuando en 1916 la Biblioteca Renacimiento publica la primera edición de esa «trilogía de juventud» Camba llevaba ya varios años publicando en distintos medios de la prensa madrileña, donde se había ido «haciendo un nombre» lentamente pero con paso firme. Sin embargo, todavía no se le había ocurrido algo tan habitual en la época como el reunir sus mejores artículos para formar con ellos una antología que fuese vendida al público en formato libro, en vistas a obtener por el mismo trabajo un mayor rendimiento económico. Como contó el propio escritor en el prólogo a sus *Obras Completas* (Plus Ultra, 1948), fue el editor y director literario de Renacimiento, Gregorio Martínez Sierra, quien le hizo la propuesta y quien –aprovechando la estancia de Camba como corresponsal en Nueva York para el *ABC*– envió a un ayudante a la Biblioteca Nacional para que copiara *in situ* unos textos que meses después salían de la imprenta convertidos en libros, sin que nuestro autor hubiese participado apenas en todo el proceso. En el caso concreto de *Alemania*, donde sí que intervino Camba fue en la preparación de la segunda edición, que presenta algún ligero cambio con respecto a esa primera[2], sin alterar en absoluto su naturaleza como recopilación de las mejores crónicas escritas por Camba mientras ejerció como corresponsal en Berlín y en Múnich para *La Tribuna* (entre mayo de 1912 y enero de 1913), y de nuevo en Berlín ya para el *ABC* (entre octubre de 1913 y marzo de 1915).

Desde que aterriza en la capital teutona procedente de París, donde había pasado el primer tercio de 1912 ejerciendo como corresponsal del periódico *La Tribuna* (el mismo que decidió enviarlo a tierras germanas para evitar conflictos mayores con la población francesa residente en España, ofendida por algunas afirmaciones vertidas por el gallego en sus crónicas parisienses), Camba experimenta entre la población berlinesa una sensación

---

2. Las modificaciones realizadas por Camba para la segunda edición de *Alemania* (Madrid, Espasa Calpe, 1927) son las siguientes: se introduce una breve nota preliminar con el título de «Advertencia del autor», se suprimen tres capítulos («El Emperador de mañana» «Un Tirpitz sin barbas» y «La Liga Naval») y se divide el contenido del libro en tres secciones: «Con los prusianos», «Con los bávaros» y «Otra vez con los prusianos». Todos estos cambios se han mantenido ya en todas las reediciones posteriores del libro hechas por Espasa Calpe en la colección «Austral».

de contraste muy parecida a esa de comer algo salado y duro tras haber degustado un dulce suave y cremoso. Consecuencia inevitable de este primer encuentro entre las maneras refinadas de un espíritu individualista y aristocratizante como el cambiano y la disciplina militar de una sociedad metódica hasta el extremo como la alemana, será un choque de mentalidades que para nuestro autor tiene una causa evidente: Alemania es un país sin historia ni tradición (hay que recordar que la unificación alemana se produce en 1871); una nación seria y pujante, pero con una sociedad todavía «por civilizar».

Ese es el diagnóstico inicial del periodista y esa será también la conclusión final tras una estancia de más de dos años en la que, si es verdad que hay exageración y ganas de epatar en muchas de las opiniones vertidas en sus crónicas, no es menos cierto que el conjunto de los juicios cambianos transmite una imagen de desencanto, de chasco ante una realidad que se imaginaba distinta. Y es que, como cualquier español que viajaba por Europa durante esos años, Camba llegó a Alemania en la primavera de 1912 con una serie de prejuicios cargados en la maleta de los que confirmó algunos y matizó otros. Entre los primeros, quizá el más destacable es ese de la proverbial educación castrense que siempre se asocia al carácter germano; en efecto, y hechas las pertinentes comprobaciones empíricas, la conclusión del escritor es que «los alemanes no hacen con verdadera soltura nada más que esos movimientos rígidos y uniformes de los militares». Entre los tópicos desactivados o puestos en duda por Camba está el de la supuesta cultura superior del país al que acudían los jóvenes estudiantes españoles becados por la Junta de Pensiones para instruirse. Sin poner en duda el indiscutible atraso de los españoles en según qué ámbitos, el gallego trata de relativizar –valiéndose, cómo no, de su mordacidad– una hegemonía que según él también tiene algo de mito e incluso de complejo de inferioridad por parte del visitante: «Este es el país de la cerveza, de las salchichas y de las ideas. Los alemanes sacan sus ideas en todas partes: hasta en la mesa del café y aun en presencia de las señoras, que se aburren mucho, como es natural. A veces se las dejan olvidadas, y el camarero las barre al día siguiente. Las calles de Berlín están empedradas con ideas».

Como decía, todas las impresiones de ese español por el mundo que es Julio Camba se podrían resumir en una: comparado con «el Sur» (y bajo esta denominación engloba nuestro autor al conjunto de países mediterráneos, con Francia a la cabeza), la alemana es una civilización con medios y con porvenir a la que, no obstante esto, le falta todavía esa pátina de refinamiento –de la que solamente gozan los pueblos más antiguos– que da el paso de los siglos. Al lado del parisién, a quien toma como el súmmum de la civilización y el buen gusto en las formas, el ciudadano alemán es un hombre joven y rudo al que le falta adquirir ese «aire algo cansado y algo escéptico» –ese intangible *esprit* francés– que le permita llamarse «civilizado». Y es que después de haber pasado una temporada como corresponsal en el París de la *Belle Époque*, quien había sido años antes un *enfant terrible*, rebelde y anarquista, se había convertido en una especie de *dandy* que al talante inconformista de su adolescencia gallega y al influjo castizo de su juventud madrileña, venía a sumar ahora el gusto por ese «arte de vivir bien» descubierto en el país vecino. La música, la filosofía, las mujeres, el idioma y, por supuesto, la cocina: todo lo francés era para Camba más ligero y agradable que lo alemán, siempre pesado e indigesto.

No hay más que leer el capítulo titulado «En la planta baja» para entender rápidamente qué lugar ocupaba dentro de su mapa mental de la Europa del momento la Alemania que retrata el periodista de Vilanova de Arousa. En esta genial alegoría –una descripción del carácter de alemanes, ingleses, franceses, italianos y españoles como inquilinos de los distintos pisos de una casa de vecindad que es Europa– tenemos a Camba en estado puro, pues no se puede expresar con menos palabras una opinión sobre los distintos tópicos –y sus respectivos matices– que acerca de los pueblos europeos circulaban por la España de principios del siglo XX. Es una caricatura, se nos podrá decir; es una ocurrencia sin fundamento ni datos objetivos, se nos podrá reprochar. De acuerdo, pero es un ejercicio de síntesis inimitable y solo al alcance de quien domina como nadie el difícil arte de la brevedad, el complejo ejercicio de la concisión.

En el apartado dedicado a los alemanes de esta descripción tan somera y a la vez tan sutil está contenido el núcleo de la teoría cambiana sobre un país del que solo se salva una parte; me refiero a la ciudad de Múnich y a sus habitantes, a los que Camba dedica la segunda parte del libro. Esa vis crítica y ese tono burlesco –a veces incluso sarcástico– del cronista gallego para con los berlineses desaparece cuando abandona Prusia para trasladarse a tierras bávaras («¡pero qué simpático no le resulta a uno Múnich al lado de Berlín, y estos reyes abaritonados, con sus túnicas y sus cisnes, y sus barcos de plata y todas sus chaladuras, comparados a los Hohenzollern del Tiergarten!»). En efecto, la temporada pasada en Múnich –a la que compara con «una inmensa cervecería de Candelas, donde no hay más que camareras y estudiantes»– es un paréntesis agradable en una vida generalmente aburrida a la que jamás se termina de adaptar del todo. Sin llegar a convertirse en uno de esos españoles «impermeables» que «han venido a Alemania para conquistarla, que es lo castizo, y no para dejarse conquistar por ella», sí parece evidente que Camba nunca experimentó por Berlín ese cariño que, en mayor o menor grado, sí que tuvo por ciudades como París, Londres, Roma o hasta Nueva York.

No es que todo le pareciese horrible o que lo negativo pesara tanto en su juicio como para ocultar lo menos malo o incluso lo bueno (que lo había y así se refleja en el libro); es sencillamente que no podía evitar esa impresión de sentirse extraño y fuera de lugar, como situado a miles de kilómetros de distancia: «Yo tengo una cabeza muy poco alemana: ¡una cabeza sin filosofía, sin matemáticas, sin griego y sin calvicie! Mi estómago, tampoco es nada germánico, y, todo entero, yo soy el hombre menos alemán del mundo».

Por eso, y pese a haberles dedicado decenas y decenas de crónicas –algunas de ellas magistrales, como tendrá ocasión de comprobar el lector–, Camba termina por rendirse a la evidencia de la incompatibilidad manifiesta entre su irrenunciable españolismo y el aire demasiado denso y profundo de un país que intentó sin éxito hacer de él lo que en la época se llamaba un «sabio».

Si yo no me he vuelto completamente sabio en Alemania, mi trabajo me ha costado. Últimamente me noté síntomas así como de ir adquiriendo un criterio científico para todas las cosas. Entonces me entró una gran aprensión y me fui. Me fui a reponerme de ligereza y de trivialidad, así como los médicos y los catedráticos vienen a reponerse de pesadez y de ciencia, porque es preciso cuidarse.

Para mí que no lo consiguió, pero mejor que juzguen ustedes mismos...

FRANCISCO FUSTER

ALEMANIA

ADVERTENCIA DEL AUTOR[1]

Este libro fue escrito en los meses inmediatamente anteriores a la primera gran guerra. Así era en aquella época Alemania y así éramos nosotros. Desde entonces, a nosotros se nos han caído algunos dientes y bastante pelo, y a Alemania, no sólo se le cayeron las fábricas, los puentes, los altos hornos y las catedrales, sino que hasta se le llegaron a caer provincias enteras; pero en lo fundamental, quizá ni Alemania ni nosotros estemos tan cambiados o tan disminuidos como pudiera parecer a primera vista. Genio y figura.

1. Esta breve nota fue introducida por Camba para la segunda edición de *Alemania* (Espasa Calpe, 1927) y se ha mantenido ya como parte del texto definitivo del libro en las sucesivas reediciones.

PRIMERA PARTE

CON LOS PRUSIANOS

Los berlineses

Los berlineses son un poco como los edificios de Berlín: grandes; pesados, limpios y de buen aspecto, pero demasiado nuevos. En nuestra tierra, los edificios y los hombres están sucios y destartalados. No tienen la resistencia ni la brillantez que tienen aquí; pero tienen un aire, un carácter, un espíritu, que los valoriza extraordinariamente. Aquí, en las casas, no falta nada: ni ascensor, ni baño, ni luz eléctrica, ni agua caliente. En los hombres, tampoco. Generalmente, tienen algún dinero y una cultura general. Sin embargo, en la población de Berlín se echa de menos lo mismo que se echa de menos en la ciudad: la fisonomía. Berlín no tiene fisonomía, igual que los berlineses. Un berlinés es un hombre muy bien constituido, y, sobre todo, constituido a la alemana, esto es, con arreglo a unas dimensiones colosales; pero se ve que acaba de inaugurarse. Los ojos azules, a veces tienen una dureza militar, y cuando no tienen esta dureza, son de una inocencia absoluta. Este tipo de berlinés es alto, fuerte, robusto y colorado. Por dentro, yo no digo que le falte ninguna cosa: ni corazón, ni inteligencia, ni cultura. También los edificios están aquí muy bien amueblados; pero a los edificios, como a los hombres, les falta el toque supremo del tiempo. El tiempo tiene que darles un poco de pátina a estas casas tan blancas, romper algunas tejas, desquiciar algunas puertas, y por dentro tiene que atenuar el brillo de las pinturas, suprimir algunos muebles inútiles y poner a tono las habitaciones con los habitantes.

Esto tiene que hacer el tiempo con Berlín, y es una lástima que el tiempo no pueda trabajar de prisa. En cuanto a los berlineses, tendrá también que atenuarles el barniz de las mejillas, envejecerlos, hacerles sufrir, darles expresión en los ojos y en la boca y ponerles el mobiliario, esto es, las ideas, a tono con el temperamento. Para ayudar un poco al tiempo en esta tarea, yo propondría que los alemanes no se bañasen. En el Tiergarten hay un paseo decorado por treinta y dos estatuas de los Hohenzollern, esculpidas en mármol blanco. De orden del emperador, estas estatuas se lavan todos los años, así es que siempre parecen nuevas. Dan la idea de hombres vestidos de estatuas, porque yo no he visto estatuas verdaderamente blancas nada más que en el teatro. Una estatua es la representación de un hombre en la eternidad, y su efecto será tanto mayor cuanto más se note en ella el transcurso del tiempo. El pueblo de Berlín no ha dejado de ver el lado ridículo de la disposición imperial a propósito de los Hohenzollern del Tiergarten, y en vez de llamarle al paseo «Sieges Allee», que es su nombre, le llama la «Allee de las Muñecas». Tienen razón los berlineses. Esas estatuas no deben lavarse, y ellos tampoco.

Desde que he llegado a Berlín, yo observo los tipos con una gran curiosidad, y, si fuera dibujante, les ofrecería a ustedes de ellos unos apuntes pintorescos. El tipo del berlinés nuevo, luciente, flamante y colorado, no es el único que existe en Berlín. Hay también el tipo del profesor, calzado de unos zapatones imponentes, con una levita abierta, que flota a todos los vientos, una chistera de alas anchas, unas gafas, muchos pelos y una barriga enorme, que tiene más de cerveza que de grasa. Este tipo de sabio alemán se encuentra, sobre todo, entre los cocheros.

Lo que está en una gran decadencia es la moda de los bigotes a lo káiser. Casi todos los jóvenes alemanes o van completamente afeitados o se dejan nada más que un centímetro de bigote a cada lado del labio, en una exaltación de americanismo. Los oficiales han impuesto la boga, y los bigotes a lo káiser se han quedado para el káiser y para los guardias de Orden público, que, además de los bigotes, llevan un casco con un pincho en la punta. Hay, sin embargo, algunos bigotes a lo káiser entre el elemento civil, que yo creo que aquí no es nunca completamente civil. A veces, estos bigotes, unidos a las cicatrices de las caras alemanas, producen un efecto muy divertido. Se ve una cara de perfil, con un bigote a lo káiser, y, desde la comisura de la boca hasta la oreja, una cicatriz y parece que se está viendo a un cómico con un bigote postizo sujeto con una goma.

De las berlinesas no quiero decirles a ustedes nada por el momento, ni siquiera desde el punto de vista arquitectónico. Aspiro a documentarme bien.

Salchichas de Fráncfort

Me imagino que, media hora antes de llegar a Fráncfort, el viajero debe de sentir un débil olor a salchichas, que irá acentuándose gradualmente. Digo esto aun a sabiendas de que no todas las salchichas de Fráncfort son naturales de Fráncfort. En París, donde también se hacen salchichas de Fráncfort, es frecuente ver este letrero: «Saucisses de Francfort et écrevisses vivantes». Yo compré un día dos docenas de *écrevisses* y un kilo de salchichas y lo llevé todo a una casa amiga para que me lo guisaran. Resultó que las *écrevisses* estaban muertas desde antiguo; pero, en cambio, la salchicha que me tocó en suerte tenía una vitalidad prodigiosa. En cuanto la pusieron al fuego comenzó a colear desesperadamente. Cuando me la comí estaba viva todavía, y, dentro del estómago, yo sentía a veces una cosa así como si la salchicha se levantara para llamarme criminal. En vano traté de aturdirme y de hacer oídos sordos a la voz de la salchicha. En el momento menos esperado, yo la sentía incorporarse contra mí de un modo implacable. Aquella noche dormí muy mal. La salchicha se me apareció repetidas veces en mi sueño, diciéndome: «¡Miserable! No podrás conmigo. Todos los ácidos de tu estómago son impotentes contra mí. A cada minuto siento que se acrecen mis fuerzas. Estoy vivísima y he devorado ya media docena de estos cangrejos que saboreaste con tanta delectación».

Una mano piadosa me libertó de aquella pesadilla. Entonces me enteré de que durante mi sueño me había puesto a ladrar ruidosamente. Por un momento reinó en la casa el temor de que yo hubiera sido mordido por un perro rabioso.

—No –expliqué yo–. Es la salchicha de anoche.

—¡Ah! Pero ¿soñabas en alemán? Yo creí que ladrabas.

A la verdad, yo no sé si aquella noche ladré o soñé en alemán. En Francia y en Inglaterra existe la idea de que las salchichas están hechas con carne de perro. Por eso dije yo en un artículo que a veces las salchichas se le ponen a uno a ladrar en el estómago y que entonces uno habla alemán. Sin embargo, eso de que las salchichas están hechas con carne de perro debe de ser una calumnia. La salchicha no tiene relación ninguna con el perro. Es un animal muy distinto, cuya raza no se ha estudiado aún. Está todavía sin domesticar, y –al contrario del perro– la salchicha es el peor enemigo del hombre.

Yo soy partidario del exterminio de las salchichas. Se me ocurren ideas sanguinarias. Por ejemplo: comprar un rifle, entrar a saco en la primera tienda que me encuentre y –¡pim, pam!– fusilar a todas las salchichas, fusilarlas sin piedad, acribillarlas completamente a balazos. No lo hago porque las autoridades prusianas protegen a las salchichas y me meterían en la cárcel.

NO HAY OSOS

ESTOY un poco desencantado. Yo creía encontrarme aquí al oso alemán, muy serio, muy sucio, muy grosero y muy grave. Creía que los cafés estarían llenos de osos, los cuales, con unas gafas sujetas a las orejas, leerían solemnemente las páginas góticas del *Berliner Tageblatt*[2].

Los bailes de Berlín, que son tantos y tan grandes, yo me los imaginaba poblados de osos que danzaban pesadamente, estrujando entre sus brazos las mórbidas carnes de las alemanas. Osos por todas partes. Las autoridades prusianas les ponían a algunos un bozal y los llevaban por las calles sujetos de una cuerda.

Confieso mi equivocación. Estos alemanes ni siquiera son groseros. Uno se sienta con ellos en el café sin que nunca le den

---

2. Diario fundado por Rudolf Mosse y publicado en Berlín entre 1872 y 1939 (cuando fue definitivamente cerrado por las autoridades nazis, que ya lo habían intervenido en 1933). Junto con el *Franfurkter Zeitung*, está considerado como el periódico alemán más importante del primer tercio del siglo XX y, desde luego, el más leído en la capital alemana, razón por la cual veremos que Camba lo cita en varias ocasiones.

un zarpazo. Llevan el pelo muy bien alisado y hasta sonríen frecuentemente. Han perdido toda su antigua gravedad de osos, y muchos de ellos no son siquiera filósofos. El berlinés de hoy se viste a la inglesa y es un hombre sociable. Se le puede llevar a una reunión de muchachas sin temor de que diga cosas muy importantes. Es un hombre fino, correcto, casi mundano, y yo estoy desencantado con él.

Antes, los jóvenes alemanes eran otra cosa. Cada uno de ellos tenía en su casa un libro muy grande, y se pasaba las noches leyéndolo a la luz de una vela, porque todavía no había electricidad en Berlín. Estos jóvenes estaban muy flacos y eran muy altos. Las piernas les crecían visiblemente bajo la mesa de estudio. Llevaban unas gafas muy gruesas sujetas a unas orejas muy largas. A través de aquellas gafas los jóvenes alemanes de entonces tenían una visión muy seria de la vida. Cuando salían a la calle se ponían unas levitas científicas, todas llenas de manchas, y se echaban debajo del brazo los enormes volúmenes. Pasaban años. Los jóvenes se hacían viejos. Los estudiantes se convertían en profesores. Les salían unas barbas que no cuidaban nunca, se les caía todo el pelo de la cabeza y se ponían gordos. Las levitas, sin embargo, eran las mismas y, como les venían sumamente estrechas, las llevaban siempre abiertas y flotando a todos los vientos.

¿Quién no ha visto en las viñetas estos tipos clásicos del estudiante y del profesor alemán? Y estos tipos no son cómicos más que desde un punto de vista. Son cómicos suponiéndolos en un salón, entre gentes de mundo, y únicamente en un medio así. En su propio medio –el del estudio y el de la ciencia–, aquellos osos *mal léchés* resultaban estimabilísimos. Pero ya no hay osos en

Berlín. Por lo menos no salen a las calles ni van a los cafés. El berlinés contemporáneo es todo un hombre de sociedad, amable, fino, obsequioso, y tan agradable, que en muchos casos no sabe ni siquiera griego.

Las ideas alemanas

Cuando Cándido llega al país de Eldorado, se encuentra a unos chicos que juegan en medio de la calle con brillantes y turquesas de un tamaño descomunal. El viajero se queda deslumbrado y piensa que aquellos chicos deben de ser los hijos del rey del país. Luego ve otros chicos que juegan también con enormes brillantes y con turquesas formidables, y se entera de que las piedras preciosas no tienen valor alguno en el país de Eldorado. Todas las calles están empedradas con piedras preciosas, que abundan tanto allí como los guijarros en la patria del viajero.

Heine recuerda esta página de Voltaire, a propósito de las ideas alemanas: «No se maravillen ustedes –dice– cuando vean muchas en un libro alemán. Nada hay más fácil en Alemania que tener ideas. Las ideas, entre nosotros, son como las piedras preciosas en el país de Eldorado».

Aquí se ve a los hombres jugar con unas ideas muy grandes, sin que nadie los tome por príncipes del pensamiento. A lo mejor son tenderos de comestibles o redactores de periódicos, porque en Alemania, hasta los redactores de periódicos tienen ideas. Este es el país de la cerveza, de las salchichas y de las ideas. Los alemanes sacan sus ideas en todas partes: hasta en la mesa del café y aun en presencia de las señoras, que se aburren mucho, como es natural. A veces se las dejan olvidadas, y el camarero las barre al día siguiente. Las calles de Berlín están empedradas con ideas. En los mismos *restaurants* es más fácil que le sirvan a uno un bistec con ideas que con cualquiera otra cosa, a no ser con patatas cocidas.

Por eso venimos nosotros a Alemania: por las ideas. Uno llega, forma una carga de ideas y se las lleva a España, donde tienen un gran valor. Allí se hacen con ellas una porción de cosas: libros, artículos y alfileres de corbata. ¡Y cómo lucen, cómo resplandecen las ideas alemanas bajo nuestro sol español! ¡Pensar que aquí a todas esas ideas no se les da importancia alguna!

Es un gran negocio éste de llevar ideas alemanas a España. Ni siquiera hay que pagar derechos de introducción. Eso sí, las ideas alemanas son muy pesadas y los portes resultan algo caros. Las carretas rechinan bajo su carga de ideas, y, a veces, el carretero dice algo que parece una blasfemia y que es una palabra alemana perfectamente filosófica.

—¿Es usted viajante? —me preguntaron en el hotel a mi llegada a Berlín.

—Sí.

—¿Se dedica usted, tal vez, a los géneros de punto?

—No; soy viajante en ideas. Cada día voy a mandar unos cuantos kilos a España.

No veo civilización

He tenido el atrevimiento de decirle a un alemán que lo que yo echo de menos en Alemania es un poco de civilización. El alemán se quedó estupefacto. Me habló de la pólvora y de la imprenta, que son dos invenciones alemanas; del ejército y de la filosofía, de las Universidades y de los *dreadnoughts,* y de otra porción de cosas.

—*Mein Herr* —le dije entonces—, todo eso no tiene nada que ver con la civilización en el sentido que yo le doy a esta palabra. Yo entiendo por civilización el arte de conversar, de hacer un menú, de entrar en un salón, de ofrecer unas flores o unos cigarros, de hacerse la corbata, de oír una ópera. Ustedes saben mucha filosofía, yo no lo niego; pero carecen ustedes de civilización.

Mi interlocutor lanzó una gran carcajada. Era su manera de sonreír. Yo seguí con mi tema:

—Las civilizaciones son una cosa muy lenta. Así como un hombre no es verdaderamente mundano y no alcanza una perfecta distinción mientras no envejece un poco y no adquiere un aire algo cansado y algo escéptico, un pueblo tampoco puede ser perfectamente civilizado en su juventud. Ustedes tienen el poderío, pero la civilización está hacia el Sur. Esos franceses, por ejemplo, son mucho más civilizados que ustedes. Poseen el arte de vivir bien. Su música, su filosofía, todo es ligero. Valen mucho más la música y la filosofía de ustedes; pero no son tan agradables ni tan civilizadas. Las francesas, por su parte, carecen de esta asombrosa fertilidad que poseen las alemanas; pero eso no demuestra más que el exquisito refinamiento de su civilización.

—Es que también aquí encontrará usted mujeres muy civilizadas —me dijo el alemán.

—Permítame usted dudarlo. Esas mujeres serán como una perdiz que me sirvieron el otro día en el *restaurant.* La corrupción de una perdiz, como la de una mujer, debe ser exquisita para que no sea repugnante. Mi perdiz infestó toda la sala. Yo no pude comerla, y tuve que solicitar una ración de salchichas. Las honradas salchichas y las mujeres sin civilización son todavía lo mejor que uno puede encontrar en Alemania. Sí, *mein Herr.* Es inútil que algunas mujeres alemanas se le ofrezcan a uno como un plato *bien faisandé* y que ustedes se recorten los bigotes y que tengan en sus casas ascensor y cuarto de baño, y que le echen azúcar a la ensalada. Todo eso no es civilización. Ustedes le dan a uno sombrerazos que trazan en el aire una curva de metro y medio, y se creen ustedes que no se puede ser más atento. Pues se puede ser mucho más atento sin quitarse siquiera el sombrero de la cabeza. La civilización es una cosa de sentimiento. Es el sentimiento lo que se va educando en los pueblos a través de los siglos. Se puede tener mucho dinero y una gran cultura, y ser completamente un bárbaro.

—En fin —añadí—. Aquí me tiene usted a mí. Yo no sé nada de filosofía, ignoro el cálculo integral, y, sin embargo, soy un hombre civilizado. Y me gustan los toros –esa fiesta cruel y sanguinaria–, y soy un hombre civilizado. No tengo cañones ni ametralladoras, ni siquiera una pistola automática, y, a pesar de eso, no se puede poner en duda mi civilización. En el sur de Europa hay muchísimas gentes que no saben leer ni escribir, pero que tienen el sentimiento civilizado. Ustedes, en cambio, han civilizado su cabeza y sus músculos, pero no sus sentimientos, ni siquiera su paladar.

Productos alemanes

Estos alemanes han inundado el mundo de cerveza, de filosofía, de salchichas y de música. Todo ello es fuerte y pesado. Para digerirlo bien, hacen falta estómagos alemanes y cabezas alemanas. En España somos sobrios, no sé si por naturaleza o por costumbre, y tanto de alimentos materiales como de alimentos filosóficos, así es que los productos alemanes nos hicieron daño al principio. Nietzsche no es lo mismo que Balmes, ni las salchichas de Fráncfort son como el salchichón de Vich... Las primeras ediciones de la casa Sempere y los primeros *bocks* de la cervecería de «El Cocodrilo» nos produjeron a todos algún embarazo. Hubo indisposiciones pasajeras y hubo reventones definitivos. Algunos se inutilizaron para siempre el estómago. Otros perdieron la cabeza. Y los alemanes, mientras tanto, tan gordos, tan sanos, tan cuerdos.

Un amigo mío estuvo tres días en la cama con una indisposición gástrica, a consecuencia de haber comido una ración de *Sauerkraut.* Fui a verlo y me lo encontré leyendo a Schopenhauer.

—Pero, hombre —le dije—, ¿cómo quieres digerir la filosofía alemana si no puedes con la *Sauerkraut?*

La filosofía alemana ha llenado de víctimas los manicomios. La alimentación ha poblado de enfermos los hospitales. ¡Ay! ¡Esa cocina francesa, tan ligera y tan agradable; esa moral tan alegre, esa filosofía tan fácil, esa música tan digestiva!

—No, no —dicen los alemanes—. Ustedes comerán salchichas de Fráncfort, oirán el *Tannhäuser,* beberán cerveza y leerán filosofía alemana.

Y no hay más remedio que someterse. Los alemanes producen mucho más de lo que consumen, y están inundando el mundo con sus productos. Su cerveza y su filosofía, sus salchichas y su música, así como sus botones y sus cuchillos, y sus géneros de punto, y también otras cosas, se venden ya en todas partes. Son productos todos ellos un poco bastos, un poco pesados; pero baratos y prácticos. En Francia misma tienen un gran éxito. Los franceses se atiborran de salchichas, de cerveza y de filosofía germánicas, y van perdiendo ligereza y espiritualidad. La Humanidad entera se hace grave, pesada y lenta.

Hubo un tiempo en que Francia pareció aligerar al mundo. Al son de sus alegres músicas triunfales, los hombres adquirieron una agilidad de bailarines. Todo se hacía entonces como bailando. Todo era suavidad, frivolidad, espiritualidad..., digestiones fáciles, música *entrenante,* vinos optimistas, filosofía sin importancia... Desde entonces la Humanidad ha duplicado su peso. Es el lastre alemán.

El doctor Faltz

«Las otras partes del mundo tienen
los monos. Europa tiene los franceses».

Schopenhauer

El doctor Faltz, con quien he entablado relaciones por medio de un anuncio de un periódico, tiene la costumbre de leer mis artículos, en los que aspira a perfeccionar su español. El otro día, yo hablaba de los osos alemanes, y el doctor Faltz vino a verme ligeramente enfadado:

—¿Conque usted se creía que todos nosotros éramos osos?

—Sí, señor.

—Pero ¿ya no lo cree usted?

—Desde luego, actualmente no son ustedes el oso *mal léché* de la tradición; pero todavía tienen ustedes muchas cosas de oso. Tienen ustedes la pesadez, la lentitud, la gravedad, la fuerza y una gran afición a la danza.

—Es posible. En cambio, esos franceses son ágiles, ligeros y espirituales. No comprenden la música trascendental ni la filosofía. Me explico que, viniendo de Francia, le parezcamos a usted osos.

—Los franceses son unos monos, querido doctor, como ha dicho muy bien aquel oso tan sabio que se llamaba Schopenhauer: «Las otras partes del mundo tienen los monos, y Europa tiene los franceses». El oso alemán y la ternera inglesa miran al mono francés con cierto desprecio, considerándolo un payaso del reino animal; pero de cuando en cuando no tienen más remedio que reírse con él. Verdaderamente, esos franceses tienen *esprit.* ¡Hay que ver con qué facilidad se suben a los árboles en el bulevar de los Italianos y cómo saltan de rama en rama! Son un poco puercos, y a veces se propasan delante del público. Entonces, el ganado bovino de Inglaterra muge escandalizado, y los osos alemanes regresan a Alemania, a danzar seriamente, por amor de la danza y no por ningún deseo de concupiscencia; pero más pronto o más tarde, la mayoría vuelve a París, provista de una tolerancia pasajera, para ver nuevamente a aquellos monos tan divertidos y a aquellas francesas tan monas. Sí, *mein Herr,* los franceses son unos monos. ¡Qué ligereza, qué gracia, qué agilidad, las del espíritu francés! ¡Qué cosas tan distintas, todas éstas de la pesadez y de la profundidad alemanas, así como de la rigidez y de la simplicidad inglesas! Y luego, ¡qué facilidad portentosa de imitación la de esos monos franceses! ¡Cómo lo imitan, cómo lo reproducen todo! Ustedes han sido capaces de inventar la pólvora y la imprenta, pero no pueden ustedes imitar nada. Los franceses lo imitan todo: hasta la gravedad alemana. A veces se calan unas gafas y se ponen a escribir de filosofía, lo mismo que los osos, y producen un efecto muy divertido. Y también hay osos alemanes que quieren tener *esprit,* y ser ligeros, y dar saltos, y subirse a los árboles del Unter den Linden, y hacer monerías, y no pueden. Ustedes son los osos de Europa, querido doctor.

—¿Y ustedes? –me pregunta el doctor.

—¿Nosotros?

—Sí, ustedes los españoles.

—Nosotros somos toros de lidia. El espectáculo que le damos al mundo no es divertido ni filosófico, pero tiene una gran emoción. Se nos torea. Se nos engaña con un trapo rojo. De tanto embestir al aire o contra la barrera, vamos perdiendo acometividad; a veces, nos ponen unas banderillas de fuego, y el dolor nos irrita y nos da nuevas fuerzas. A todo esto, el cielo es azul; el sol, brillante; las mujeres, hermosas. Ya han salido los caballos. Ya han tocado a banderillas y aguardamos la última suerte.

Carnaval perpetuo

Estos alemanes que van vestidos a la inglesa o que llevan los bigotes recortados a la americana; estos alemanes correctos, finos, amables, ceremoniosos, me parece que están disfrazados. Yo no comprendo completamente a un alemán más que vestido de militar. Es entonces cuando tiene verdaderamente tipo alemán. Sus movimientos, sus actitudes, su mirada, todo armoniza con su traje. Se dijera que ha nacido con el casco adherido a la cabeza, y que por las noches deja la cabeza y el casco a la puerta de su dormitorio para que el asistente se lo bruña todo con la misma pasta y con el mismo cepillo.

Un civil alemán es como un militar vestido de paisano. Sus saludos más atentos tienen algo de militar. Sus pasos son perfectamente militares. Es civil toda la vida, como podría serlo por un par de horas. Cuando se saca el sombrero, parece que va a mostrar la cabeza cubierta, de un casco imperial. A veces los alemanes son calvos, y, al descubrirse, estas calvas esféricas y casi metálicas, brillan como cascos.

Los movimientos del alemán no son nunca esos movimientos fáciles y espontáneos del hombre civil. Cada alemán parece obedecer siempre a una disciplina invisible, y, en realidad, los alemanes no hacen con verdadera soltura y con verdadera espontaneidad nada más que esos movimientos rígidos y uniformes de los militares. Yo hablaba el otro día de la civilización alemana. Aquí no hay civilización. Todo es militarismo.

El mismo socialismo alemán es militar. Toda su fuerza es militar. Todas sus cualidades son militares: orden, disciplina, organización... Un socialista de fila en Alemania no tiene más libertad dentro del partido que la que un pobre soldado pueda tener en el ejército. Una manifestación socialista es como un batallón en marcha.

Por lo demás, casi todos los alemanes que no son militares están afiliados al partido socialista. Se es socialista como se pudiera ser soldado. Se pertenece a un ejército; se obedecen unas órdenes; se tiene una disciplina. Un alemán sin disciplina no se siente completamente libre ni dueño de sí mismo.

Toda la población alemana es ejército. Unos alemanes van vestidos de militares y otros van vestidos de paisanos; pero todos son militares.

Los extranjeros en Alemania

A los pocos días de mi llegada a Berlín, sentado ante el mostrador de un bar, yo miraba a la barista, que, inútilmente, trataba de entablar conversación conmigo. Al otro extremo del mostrador, un joven vestido de *smoking* sostenía una lucha igual con su barista respectiva. Comenzamos a mirarnos.

—¿Usted no habla alemán?

—No. ¿Y usted?

—Yo tampoco.

Reunimos nuestros taburetes y nos pusimos a beber juntos. Nos hicimos grandes amigos. Él era un búlgaro recién llegado a Berlín. No hablaba más que búlgaro, y yo no podía entenderme con él. Sin embargo, a mí, aquel hombre me parecía un compatriota. Él no hablaba alemán y yo tampoco, y esta ignorancia de la lengua del país equivalía para nosotros a la posesión de una lengua común. Nos considerábamos como hijos de un mismo pueblo: el pueblo delicioso donde no se hablaba alemán. Nos sentíamos más fuertes el uno al lado del otro. Chocábamos nuestras copas como si brindáramos por una misma patria. La ignorancia del alemán nos unía tanto o más de lo que pudiese unirnos la posesión de una lengua que no fuese la suya ni la mía. Las baristas creían que uno de nosotros conocía el idioma del otro o que hablábamos un idioma intermedio. Cuando me separé del búlgaro, yo me fui con una impresión semejante a la que me hubiera producido un rato de conversación con un español.

Desde entonces acá, yo hice algunos progresos en el alemán; pero este idioma terrible no llegaré a dominarlo nunca. Yo no tengo bastante energía para pronunciar las consonantes alemanas. Mi espíritu, vestido de alemán, hará una figura semejante a la que haría yo mismo metido en una armadura. ¡Ah, ese francés! ¡Ese francés tan fino, tan ligero y tan sutil, que es como una camisa de seda! Los alemanes no llegan nunca a hablar bien francés, por muy a fondo que lo conozcan. Un alemán hablando francés produce el efecto de un campesino que se haya quitado los zuecos y se haya puesto unos zapatos de charol. En cambio, las ideas francesas pierden todo su encanto dentro de estas terribles palabras alemanas. Cada palabra alemana pesa muchos kilos. Los filósofos las han llenado de filosofía; los guerreros las han revestido de consonantes. Un espíritu francés manejando palabras alemanas es como un prestidigitador que quiere hacer juegos malabares sirviéndose de las pesas del hércules, su compañero de barraca.

En francés es muy fácil ser espiritual, así como en alemán es muy fácil ser profundo. La evolución del idioma en francés se ha operado puliendo, afinando, aligerando las palabras. Los alemanes, en cambio, han ido complicando y densificando las suyas. ¿Cómo hacer *esprit* con palabras alemanas? Uno quiere coger una palabra y lanzarla alegremente por el aire; pero esa palabra, cargada de ideas, es muy superior a nuestras fuerzas.

El alemán –decía Voltaire– tiene muchas consonantes y muy poco *esprit.*

El otro día, yo he tenido necesidad de certificar un libro alemán, para mandárselo a un amigo de París. Quinientas páginas: mil cuatrocientos gramos. El certificado me costó un dineral. Llegado a mi casa, hablé del asunto con un alemán y le mostré un libro inglés de igual número de páginas. Pesamos el libro inglés: doscientos cincuenta gramos.

—Es que los ingleses son los reyes del papel –me dijo el alemán–. El papel de las ediciones inglesas es admirable.

—¡Ah! ¿Cree usted que es el papel lo que hace tan pesados los libros alemanes?

—Naturalmente. ¿Qué ha de ser si no?

—¿Qué ha de ser? El lenguaje, las palabras, las ideas... No le quepa a usted la menor duda.

Para beber cerveza

En Alemania, país de la cerveza, el beber cerveza es sumamente difícil. En los buenos *restaurants* es obligatorio comer con vino. En los bares no se sirve cerveza: hay que beber vino o *american drinks,* título bajo el cual están comprendidos aquí el benedictino y el jerez. Existen muchos establecimientos con salas diferentes: unas, para los bebedores de cerveza, y otras, para los bebedores de vino. Las salas donde se bebe vino son alegres, bonitas y tienen orquesta. Las salas de los bebedores de cerveza son perfectamente desagradables. La mayoría de los *cabarets* sirven cerveza hasta las once de la noche, y desde esa hora en adelante sólo sirven vino. Para el bebedor de vino, todas las consideraciones, y un profundo desprecio para el bebedor de cerveza.

El bebedor de cerveza está postergado en Alemania. La juventud actual, que es *snob,* y que toma bebidas americanas, rechaza de sus mesas a estos viejos venerables que han amasado con levadura de cerveza la tierra sacrosanta del imperio. ¡Hay que oírles lamentarse hacia el duodécimo *bock* de la noche! Uno de ellos, semejante a Gambrinus, me exponía recientemente sus cuitas en un misérrimo establecimiento, y la amargura del noble anciano tenía un gusto así como el de la *spaten Bräu*.

—La cerveza –me decía– es una bebida seria, como conviene a nuestro temperamento, pacífica y alimenticia. Ella mantendría indefinidamente la gordura y la tranquilidad de la raza; pero estos jóvenes están trastornados. Se dedican a sorber *cock-tails* con una pajita, y esto tiene que producir un resultado funesto en la mentalidad alemana.

Verdaderamente, no se explica esta protección de que gozan aquí las bebidas extranjeras y esta guerra que se hace a la bebida nacional. El vino en Alemania es malo y caro, mientras que la cerveza es excelente. Yo he solicitado un día cerveza en un *restaurant*, y he prometido pagar por ella lo necesario para que el establecimiento obtuviese con mi *bock* la misma ganancia que pudiese obtener con mi vino.

—Puesto que he venido a Alemania –dije–, quiero beber cerveza.

—Lo único que podemos hacer –me dijo el gerente– es darle cerveza inglesa.

Y es que la vieja Alemania, la Alemania de la cerveza, no se resignaría a pagar por un *bock* más de lo que ha pagado siempre. El lujo del local, el confort de los asientos, las luces brillantes, los camareros de frac y la música, todo eso lo paga la joven Alemania que bebe vino y *american drinks*, que es un poco disoluta y que está muy extranjerizada.

En la planta baja

Europa es una casa de vecindad. En la planta baja viven los alemanes. Están muy bien instalados, aunque con un mal gusto ostensible. Son unos inquilinos recientes, que no tienen grandes simpatías con nadie. Trabajan mucho y ganan dinero; pero no saben vivir. Comen unas porquerías infectas. Sus criados, los poloneses, hablan mal de ellos a hurtadillas.

Al fondo, en un pabellón aislado, vive la familia inglesa. Gente un poco orgullosa; pero de muy buenas costumbres. Su vida es patriarcal. A las once de la noche no se ve luz en ninguna ventana del pabellón. Los hombres trabajan todo el día; las muchachas hacen *sport* y toman té. Los domingos, la familia entera se pone a cantar salmos a coro. Nunca se oye escándalo en casa de los ingleses. Si se divierten, deben de hacerlo con gran sigilo. Unos dicen que se aburren mucho. Otros aseguran que se pasan la vida bebiendo. ¡Habladurías de patio de vecindad! Lo cierto es que esos ingleses son gente verdaderamente distinguida. Cuando por casualidad se tropiezan con alguno de los alemanes del piso de abajo, lo miran con un desdén al que los alemanes no son completamente insensibles.

Los franceses ocupan el principal. Es gente alegre, simpática, comunicativa. Se pasan el día comiendo y bailando.

—Esos franceses son muy demócratas —dice la portera.

Tienen mucho dinero, pero no lo gastan al tuntún. Nunca pierden la cabeza, por locos que parezcan.

Algunas veces, los vecinos protestan contra la libertad de costumbres que reina en casa de los franceses. Sin embargo, todos ellos van de cuando en cuando a hacerles una visita, porque en casa de los franceses se pasa muy bien el rato. La comida es excelente. Las muchachas son encantadoras. Los mismos ingleses abandonan con cierta frecuencia su pabellón para ir al principal con el pretexto de un negocio cualquiera. En realidad, van por ver a las francesas y por beber unas copitas de vino de Champaña. Quienes se llevan muy mal con los franceses son los alemanes.

En el segundo viven los italianos. Su casa es verdaderamente artística. Cuadros y estatuas en todos los rincones. Se ve que esa gente ha tenido un pasado magnífico. Actualmente, no les va muy bien. Se pasan el día cantando romanzas al piano, con lo que molestan mucho a la vecindad. Las chicas estudian todas canto y declamación. Comen unos guisos cargados de cebolla. Al pasar por delante de la puerta donde viven los italianos, se le humedecen a uno los ojos con la cebolla y con la música.

Hay muchos más vecinos en la casa. Hay los rusos, que habitan un piso enorme y muy frío, demasiado grande tal vez para ellos, y los griegos, y los turcos, y los austríacos, y están las guardillas ocupadas por gente pobre. Los españoles estamos en el desván. Vivimos entre telarañas y trastos viejos. Todos los días decimos que vamos a renovar el piso; pero no lo hacemos nunca.

Nos levantamos muy tarde, y tenemos una fama de vagos perfectamente justificada. Cuando alguno de nosotros va de visita al principal, o a la planta baja, o al pabellón de la familia inglesa, entra con un aire de gran señor, como si la gente que nos recibe no supiera que nuestra casa es un desván. Luego vuelve uno al desván y lo encuentra triste. A veces, quiere uno ponerse a barrer las telarañas; pero los otros protestan. No tenemos una gorda. Nos morimos de hambre.

—¿Por qué no trabajan ustedes? –nos preguntan los otros vecinos.

¡Como si gente de nuestra alcurnia pudiera ponerse a trabajar! ¿Por quién nos habrán tomado?

Yo escribo estas líneas desde el piso bajo, adonde he venido a pasar una temporada. Realmente, estos señores están mucho mejor instalados que nosotros, y comen más y tienen muchísima más fuerza; pero yo no los envidio. Los inquilinos del desván somos unos hidalgos que no envidiamos a nadie.

¡Colosal!

Un golfillo de Granada vio una vez a un extranjero que, parado ante la Alhambra, abría la boca a intervalos regulares y exclamaba:

—¡Colosal!

—Usted es alemán, ¿eh? –le dijo el golfillo.

—Sí. ¿Cómo lo sabes?

—Pues lo sé porque en cuanto llega un alemán a la Alhambra se pone a gritar: «¡Colosal! ¡Colosal!»...

Cuando un alemán admira una cosa cualquiera, para decir que esta cosa es admirable, dice que es colosal; «colosal» y «admirable» son dos palabras sinónimas en alemán. En realidad, el alemán no admira más que las cosas colosales.

—Esta tarde, en el Unter den Linden, he visto a una mujer... ¡colosal!

Y uno se imagina a una de estas mujeres verdaderamente colosales, cuyo tamaño parece calculado para que, colocadas en un frontispicio, le den al transeúnte la sensación de que son de tamaño natural.

Otras veces es uno mismo el que habla de una mujer. Un poco vacilante en el idioma, uno ensaya varios adjetivos encomiásticos, hasta que sale un alemán cualquiera y propone el adjetivo capital.

—Colosal, ¿eh?

Y si se trata de una parisiense, el alemán añade:

—Sí. Las parisienses son unas mujeres colosales.

¿Se imaginan ustedes a dos novios alemanes llamándose colosales mutuamente? Nada de *mon petit poulet* o «queridito mío», o *my little thing*, o todos esos diminutivos que sugiere el cariño a los enamorados no alemanes, sino:

—¡Coloso mío!

—¡Mi mujeraza!...

La manera como los alemanes dicen «colosal» es notabilísima. Abren la boca enormemente, como para darnos la idea de lo inconmensurable, y van pronunciando las sílabas muy despacio. Según el objeto de que se trate, los alemanes emplean más o menos tiempo en decir «colosal». La palabra «colosal» nunca es tan colosal como en una boca alemana.

Ustedes podrán hacerse cargo de esto por medio de la ortografía alemana de la palabra. Los alemanes no escriben «colosal» con *c*, que es una letra insignificante, sino con *k*, y en vez de una *s* le ponen dos: *Kolossal*!... Esta ortografía es algo así como la arquitectura alemana, que le da a todos los edificios unas proporciones gigantescas. Los edificios alemanes, en efecto, parecen construidos con *k* en vez de *c*, y con *s* doble en vez de nuestra sencilla *s* castellana. Además, son góticos, como el *Berliner Tageblatt*. Son edificios *kolossales*.

Yo no soy alemán

Yo soy el hombre menos alemán del mundo. Los alemanes son grandes y yo soy chico, son rubios y yo soy moreno, son gordos y yo soy delgado. Los alemanes saben filosofía, y matemáticas, y griego, y otra porción de cosas, y yo tengo una ignorancia enciclopédica que revela un gran españolismo. Los alemanes son trabajadores y metódicos. Yo soy un hombre de esos que dicen, con una gran naturalidad, para disculpar su indolencia:

—¡Hay años en que no está uno para nada!

Los alemanes escriben unos libros muy grandes y yo hago unos artículos muy cortos. Los alemanes usan gafas, los alemanes beben toneles de cerveza. Los alemanes hablan alemán, y si yo cierro los ojos, me parece estar en una cocina oyendo el ruido de unas criadas que rascasen las ollas con cuchillos. Luego, como para calmar sus nervios, se callan y se ponen a oír música.

La música alemana es sabia. Yo no la entiendo, y estoy en mi derecho de no entender una cosa difícil. Los alemanes, por su parte, carecen de capacidad para comprender las cosas fáciles. En París, por ejemplo, donde todo es fácil, ligero y sencillo, se hacen un lío terrible. Para poner una cosa cualquiera al alcance de un alemán, hay que complicársela mucho: entonces el alemán se cala sus gafas, la estudia metódicamente y se entera de ella. Así resulta que el lenguaje corriente de los alemanes es el alemán menos corriente de todos. Yo puedo ya leer poemas en alemán; pero todavía no entiendo los telegramas de los periódicos. Los versos son versos aun en alemán; tienen la división racional del metro, mientras que la prosa alemana no tiene división ninguna. Además, en verso, los alemanes no pueden meter palabras de treinta sílabas.

Yo soy el hombre menos alemán del mundo, y tengo una gran dificultad para las cosas difíciles. La vida en Alemania es sumamente difícil, porque los alemanes no entienden la vida fácil. Es más difícil, naturalmente, porque está en alemán. Es una vida gótica y absurda. Aquí los hombres se ponen calvos de vivir. Por lo demás, la calvicie es de muy buen tono en Alemania, e infinidad de personas se afeitan todas las mañanas la cabeza, que se queda perfectamente brillante por fuera sin perder nada de su oscuridad interior. Yo tengo una cabeza muy poco alemana: ¡una cabeza sin filosofía, sin matemáticas, sin griego y sin calvicie! Mi estómago tampoco es nada germánico, y, todo entero, yo soy el hombre menos alemán del mundo.

—Decididamente, no sirvo para alemán –he dicho–. Renuncien ustedes a conquistarme.

—Es que si usted fuera alemán –me contestó una de las chicas–, no trataríamos de conquistarlo a usted.

Gramática alemana

Temo que me estoy poniendo un poco pesado con esto del alemán. No puedo evitarlo. Yo hablaré del alemán mientras no hable el alemán correctamente. Por lo demás, el alemán es una de las mayores curiosidades de Alemania. Es un idioma fuerte, sabio y grosero, de palabras formidables y de caracteres enrevesados. Una gramática alemana, para que sea completa, necesita un mínimo de mil páginas. Los diccionarios son enormes, y, si hay diccionarios de bolsillo, es con un número de palabras muy escaso. Uno no puede salir a la calle con más de dos mil palabras alemanas, so pena de metérselas debajo del brazo, en un diccionario de biblioteca, y de ir cargado de alemán como se puede ir cargado de ladrillos. El alemán abulta mucho y pesa de un modo extraordinario. Es una lengua de gentes fuertes y bien alimentadas, que nos hace jadear a los españoles.

Los ingleses han hecho su idioma con la misma materia que los alemanes hicieron el suyo, y, sin embargo, el inglés es ligero y sencillo. Es que estos alemanes necesitan complicar todas las cosas y ensanchar todas las palabras, llevados de su amor a lo colosal y a lo difícil. En alemán no se podría escribir un libro en monosílabos, como Bernard Shaw lo escribió en inglés.

La única facilidad del alemán es que se pronuncia lenta y claramente: si una palabra tiene doce consonantes, el alemán las pronuncia todas, una tras otra, con una gran escrupulosidad y como si el hacerlo le produjera una especie de delectación; pero un idioma de tantas consonantes y de palabras tan grandes, no se puede hablar con rapidez. Por eso hablan despacio los alemanes. En una conversación alemana, el alemán va avanzando muy poco a poco, pesado y rechinante, como una carreta muy cargada. De cuando en cuando, se presentan tres o cuatro consonantes juntas, y hay que tomar aliento y beber un trago.

Hay varias maneras de estudiar alemán. Una de ellas es ponerse en relaciones con una alemana. Otra, muy poco recomendable, es la empleada por un amigo mío que cogió un diccionario, lo abrió por la primera página y comenzó a estudiar todas las palabras. Actualmente, mi amigo se sabe la *a*, la *b* y la *c*. Puede conversar correctamente en *a*, en *b* y en *c*; pero en cuanto le sueltan una palabra en *d*, está perdido. Por esta razón mi amigo no conversa con todo el mundo, sino únicamente con dos o tres personas que viven en su casa y que le ayudan en sus estudios del idioma. A veces, en casa de mi amigo, se juega a juegos de prendas. De la Habana viene un barco cargado de cosas en *a*, en *b* o en *c*; mi amigo es invencible.

Pero lo que más nos indigna a todos contra el alemán es la gramática. Los ingleses, gente incapaz de conservar una cosa innecesaria, carecen de gramática, y se entienden tan perfectamente. La gramática alemana, por el contrario, es horrible, sobre todo por los géneros. Sólo un alemán podría estudiar gramaticalmente los géneros del alemán, y, precisamente, los alemanes los saben desde chicos. Un inglés, sin embargo, ha encontrado el procedimiento de suprimir esta tremenda dificultad. Es un inglés amigo mío, míster Boston, cuyo nombre bien merece pasar a la historia.

—Pero ¿usted se preocupa de eso de los géneros? –me ha dicho míster Boston.

—Naturalmente.

—Pues yo no. Es muy sencillo. Ya sabe usted que en alemán todos los diminutivos pertenecen al género neutro.

—Sí.

—Pues no hay más que poner todas las cosas en diminutivo y aplicarles el artículo neutro. Por ejemplo: en vez de decir «He visto a una mujer muy grande», se dice: «He visto a una mujercita muy grandecita», y en vez de pedir una cuchara se pide una cucharilla grandecita, y así siempre.

El procedimiento es magnífico. Los diminutivos se forman en alemán sin más que añadir al final de cada nombre la partícula «chen». ¡Un inglés había de ser el inventor de esta cosa tan práctica! ¡Tanto como se han desvelado los alemanes para hacer su tremenda gramática, y he aquí que un inglés se la destruye en un momento! Yo estoy practicando con gran éxito el sistema de míster Boston. Las alemanas me dicen que hablo de una manera muy dulce.

En la casa de «*Frau*» Grube

¿Cómo caí yo en la casa de *Frau* Grube? No lo sé. Yo llegué a Berlín tal como hoy, sin conocer a nadie, y al día siguiente estaba instalado en el número 17 de la Botzener Strasse. Parece que es el sino de todos los españoles que vienen a Berlín. *Frau* Grube los acoge con una sonrisa casi maternal y les presenta por anticipado el recibo de un mes. Luego les larga siete palabras españolas que ha aprendido de los huéspedes anteriores:

—Pan, cerveza, manteca, tonto, comprendo, mañana, mucho...

En el comedor de la pensión Grube está expuesto aún el retrato de Julián Besteiro, actualmente catedrático de la Universidad de Madrid. Besteiro ha vivido aquí dos años, y no se puede negar que se encuentra robusto. Alma, la criada de la casa, cuando viene a traerme el desayuno, suele decirme:

—Herr profesor Besteiro no era tan malo como usted.

Araquistáin, también antiguo pensionista de *Frau* Grube, acaba de enviarle una postal desde Múnich, diciéndole que le reserve habitación. La mayoría de los pensionados españoles en Alemania han comido aquí las primeras salchichas y han aprendido a pronunciar sus primeras palabras de alemán. Se puede decir que *Frau* Grube está amamantando a sus pechos a toda la joven España. Cuando la generación que actualmente se prepara en Alemania nos haya regenerado, nuestros hijos vendrán en peregrinación a Berlín, y si *Frau* Grube vive todavía, le besarán las manos bienhechoras y un poco deformadas por el trabajo de la cocina. *Frau* Grube es, como si dijéramos, la madre de la España futura. La España futura duerme en estas camas, que Alma debiera mullir un poco mejor. Aquí, en este comedor, ornado con los retratos de los huéspedes que han sido más puntuales en el pago, la España de mañana ha digerido por primera vez el *deutsches beefsteak* y la filosofía de Kant. Acaso alguna vez no los haya digerido; pero eso puede ser lo mismo culpa de la cocina que del estómago. En fin, la pensión Grube no debe pasarle inadvertida al presidente del Consejo, al Ateneo de Madrid ni a la Junta de Pensiones. Su influencia en los destinos de España es indudable, y ya se comienza a sentir. Todas las palabras alemanas que ven ustedes en los periódicos, proceden de la pensión Grube, y las ideas alemanas que desde hace algunos años a esta parte circulan por Madrid, es también de aquí de donde han salido.

¡Dios bendiga a *Frau* Grube y, al mismo tiempo, que la libre de huéspedes insolventes! Si España llega un día a ser una gran nación, *Frau* Grube podrá decir que buen trabajo le ha costado. Esta mujer, desde su cocina, hace mucho más por la regeneración de España que todos esos charlatanes que vociferan por ahí en los mítines y que ponen artículos en los periódicos. Por mi parte, yo no creo en Lerroux, en Azcárate ni en Pablo Iglesias como regeneradores: sólo creo en *Frau* Grube. Ella es, a mis ojos, y debe serlo también a los de ustedes, la única esperanza de España.

«Si nosotros fuéramos alemanes...»

En el bosque de Teutoburgo, descrito por Tácito, unas hordas rubias, capitaneadas por Hermann, príncipe de los cheruscos, vencieron un día a los soldados de Roma. «Si Hermann no hubiese ganado la batalla –dice Heine–, nosotros seríamos ahora romanos. En nuestra patria reinarían actualmente la lengua y las costumbres de Roma. Habría vestales hasta en Múnich; los zuavos se llamarían quirites. Massmann hablaría latín y respondería al nombre de Marcus Tullius Massmannus. Los mártires de la libertad lucharían en el circo con los leones, las hienas y los chacales, en lugar de tener que entendérselas con pequeños perros en la prensa periódica». «Pero Hermann ha vencido –añade el poeta–. Nosotros seguimos siendo alemanes y hablamos alemán. El asno se llama asno y no asinus. Los zuavos han continuado zuavos...».

Sí. Los zuavos son zuavos y el asno se llama asno. Con su mala intención proverbial, Heine pudo haber añadido que muchas veces el asno se llama también Herr Professor. Alemania ha rechazado la invasión de Roma, y lejos de hablar latín, va a hacer que en todo el mundo se hable alemán. Míster Tim Healy, miembro de la Cámara de los Comunes, se ocupaba días atrás de este peligro, y, parodiando a Heine, decía:

—Mis hijos se llamarán Von Healy.

Con este motivo, el *Graphic* publica unas caricaturas que se titulan *Si nosotros fuéramos alemanes*... Una de ellas es la caricatura de Bernard Shaw. Si Bernard Shaw fuera alemán, no se llamaría Bernard Shaw, sino «El-intelectualmente-aislado-de-comedias-autor-y-tasador-de-obras-teatrales-maestro-Herr-Bernard-Shaw-von-Sae-gershirt». Rudyard Kipling sería «La-imperial-persona-figurando-entre-los-embajadores-grandemente-patriótica-y-poética-Herr-Rud-yard Kipling»; y míster Asquith, en alemán se llamaría «El-verdaderamente-alto-y-poderoso-primer-ministro-y-Gabinete-cabeza-Herr-Askewith».

¿Y si nosotros los españoles fuéramos alemanes? Los guardias de Orden público llevarían un pincho en el casco, y, en vez de llamarse guardias, se llamarían hombres protectores. Al asno le llamaríamos *Esel* y a la comida *Speisen*. Esto se nos haría un poco duro, pero acabaríamos por acostumbrarnos a ello. A lo que no nos acostumbraríamos tan fácilmente es a decir *Spargel* en vez de espárrago; *marschieren*, en lugar de marchar; *frottieren*, por frotar; *kokettieren*, por coquetear, etc. Los guantes serían los «zapatos de las manos». Para decir cosas como el «sueño de una noche de verano», diríamos «veranonochesueño», todo de una vez. No diríamos veinticinco, sino «cincoiveinte», ni ochenta y tres, sino «tresiochodiez». No diríamos «sin nada», sino «sin todo».

Si nosotros fuéramos alemanes, todos hablaríamos alemán. ¡Hasta los profesores de esta lengua y los ministros de Estado! Además, todos seríamos sabios. Echegaray sabría ingeniería. Azcárate sabría economía política. Los estudiantes españoles estudiarían. Los trabajadores trabajarían.

La Jacometrezostrasse, la Valencierenallee, la Sonnetor y la Antón Martinplatz estarían limpísimas.

En las casas de huéspedes no se pondría cocido, sino salchichas con coles. La mujer y la hija del doctor Martínez serían, respectivamente, la señora doctor Martínez y la señorita doctor Martínez. Los estudiantes se harían cortes en la cara. Los empleados de mil pesetas se vestirían de levita.

La taberna del Regatero sería un Bierpalast o palacio de cerveza, y yo, el abajo firmante, yo escribiría unos artículos muy largos, muy pesados y muy eruditos; pero, como ustedes serían alemanes, ustedes los leerían y hasta los encontrarían amenos.

La vida mecánica

Dentro de algún tiempo, los alemanes vivirán de una manera mecánica. La tendencia es ésta. En las estaciones del Untergrundbahn hay todavía una taquilla para despachar los billetes; pero mucha gente prescinde de ella, echa dos perras gordas en una máquina y la máquina le devuelve cinco céntimos y le da un billete de quince. A veces, estas máquinas no funcionan bien, y el viajero reclama ante un empleado. En el porvenir las reclamaciones se entablarán ante otra máquina de una categoría superior a las máquinas expendedoras. En las oficinas de Correos hay máquinas que venden sellos y postales. Una porción de *restaurants* están servidos automáticamente. Hay el teléfono automático y los aparatos de gas automáticos.

¿Conciben ustedes nada más horrible que esta vida científica? El aparato de gas automático le sirve a uno trece metros cúbicos de gas por una perra gorda, e inmediatamente deja de alumbrar. Es un aparato sin entrañas. Si uno no echa otra perra gorda, el aparato le deja a uno a oscuras. No cabe eso de decirle que uno no tiene suelto o que pagará al día siguiente. En cuanto al *restaurant* automático, resulta aún mucho peor. Es un aparato que le sirve igual a todo el mundo y que no tiene jamás en cuenta el que uno sea cliente antiguo de la casa o el que uno vaya a comer a ella por primera vez: no conoce nunca nuestros gustos. Le sirve al dispéptico lo mismo que al que tiene un estómago excelente, y una vez que el plato está servido, no hay manera de hacerlo cocer un poco más ni de que le añadan algo de sal o de mostaza.

Esta vida científica, estos servicios mecánicos que igualan a todo el mundo, van muy bien en el país del socialismo y acabarán por invadirlo completamente; pero en España, que es un pueblo sin pretensiones, nosotros nos haremos servir siempre por un camarero muy humano, que se llamará Juan o Gutiérrez, o cualquier otra cosa también muy humana, y que, para diferenciarse totalmente de un aparato automático, tendrá opiniones políticas y todo. Este camarero, que nos conocerá, nos servirá con cariño, nos llamará «don Fulano», y cada vez que encargue un plato para nosotros en la cocina, lo recomendará eficazmente. Hasta es posible que en un momento de apuro nos haga cierto crédito, lo que también es humano, y quizá no logre nunca hacerlo efectivo. Esto ya es demasiado humano.

En los cafés de Berlín todavía hay camareros; pero estos camareros no tardarán gran cosa en ser sustituidos por máquinas. Todos ellos tienen ya algo de máquina. Su manera de andar es completamente automática. Casi resultan más humanos los aparatos de los *restaurants* automáticos, detrás de los cuales se sabe que hay personas, mientras que detrás de un camarero de café sólo hay el amo.

Un alemán es un hombre que lleva en el bolsillo una máquina para colgar el sombrero en el tranvía, otra para encender los pitillos, otra para mantener cerrado el paraguas, y otras y otras para todas las cosas. Un alemán necesita de pronto hacer un agujero en la pared, e inmediatamente saca de su bolsillo una máquina de hacer agujeros. Además, cuanto más complicada sea una máquina, más le gusta al alemán. Los alemanes se asombran en el extranjero al ver que la gente baja las persianas sin máquina ninguna.

—En Alemania –dicen– todo lo hacemos con máquinas.

Es verdad. Y los mismos alemanes se saludan entre sí con saludos automáticos, mucho más complicados, pero mucho menos cordiales que los nuestros.

Las ciudades españolas

El otro día le enseñaba yo a una señorita alemana unas colecciones de postales. Las había de Londres, de París, de Bruselas y de todo el mundo.

—A ver si adivina usted, señorita, de dónde es esta postal.

Si era una vista de Londres, ella acertaba en el acto. Los impermeables y los paraguas no le dejaban lugar a dudas. Con las vistas de otras ciudades, en cambio, se equivocaba casi siempre.

—¿Y ésta, señorita? ¿Sabe usted de dónde es esta vista?

—Oh! Esta es de una ciudad española; estoy completamente segura.

Le enseñé otras postales.

—No. Estas no sé de dónde son.

Fue retirando una, tres, cuatro, siete.

—Esta es otra ciudad española. Y ésta. Y ésta.

—Pero ¿es que ha estado usted alguna vez en España? ¿Cómo conoce usted tan pronto las ciudades españolas?

Entonces, la señorita alemana me dio una explicación admirable. Con esa explicación se podría hacer no ya una crónica ligera, sino un artículo de fondo y hasta un discurso parlamentario.

—Yo no reconozco las ciudades españolas —me dijo—. Reconozco los tipos. En todas las vistas fotográficas de las ciudades de España hay siempre un hombre arrimado a un farol. Mire usted esta postal. Aquí no hay nada más que un hombre. Pues este único hombre está recostado en un farol. En cambio, examine usted todas las otras postales que usted tiene: las de París, las de Londres, las de Viena, las de Bruselas, las de Nueva York, hasta las de Turquía. Ni un solo hombre arrimado a un farol. Los españoles son unos hombres que se arriman a los faroles. Es más. Los españoles se diferencian de todos los demás hombres del mundo por esa costumbre que tienen de arrimarse a los faroles.

Tuve que rendirme a la evidencia. Era verdad. Examine usted, lector, el álbum de postales de su hermana o de su novia, y se convencerá, como yo me he convencido, de que, en todo el mundo, los españoles son los únicos hombres que se recuestan en los faroles. Esta es la característica fundamental de la raza. Gracias a ella, una señorita alemana puede distinguir, entre cien postales de todas partes, una sola postal española. Una de las consecuencias que se derivan de este hecho es la siguiente: los españoles no nos incorporaremos por completo a Europa mientras no nos desarrimemos de los faroles y echemos a andar. Otra: para regenerar a España hay que echar abajo todos los faroles españoles.

¿Por qué se apoya el español contra los faroles? ¿Por vagancia? ¿Por filosofía? Lo cierto es que en Londres o en Nueva York, en París o en Berlín, no hay medio de arrimarse a un farol. De un lado se lo impide a uno el clima; de otro, el guardia. En España el clima es benigno y los guardias son tolerantes. Los guardias, ellos mismos, se apoyan también contra los faroles, porque la autoridad tiene muy poca fuerza entre nosotros. ¡Que nos hablen de revoluciones! ¡Que nos digan que España va a cambiar! Por mi parte, yo miraré las últimas fotografías de España y diré:

—No. Mis queridos compatriotas, los españoles no tienen ganas de molestarse. Siguen todavía arrimados a los faroles.

¡Y cuidado que se está bien recostado contra un farol! «Mejor se está sentado que de pie, echado que sentado y muerto que echado» dice un proverbio indio. También se está muy bien arrimado a un farol. España no está muerta, como dicen algunos. No. Está arrimada a un farol.

Bismarck y los perros

Cuando un alemán es muy enérgico, muy enérgico, se parece a un *bulldog*. Bismarck tenía todo el tipo de un *bulldog*, y no sólo el tipo, sino también la moral. Era un estadista de presa. Como Bismarck, todos los alemanes enérgicos son algo *bulldogs*, y en los momentos en que concentran su energía ante una circunstancia difícil o frente a un negocio arriesgado, entonces son más *bulldogs* que nunca. Hay alemanes que ordinariamente se parecen un poco al *bulldog*, y que en ciertos instantes se parecen al *bulldog* de un modo terrible. En los establecimientos de lujo, vestidos de etiqueta y hablando con mujeres elegantes, son como esos *bulldogs* a la moda: feos, chatos, espantosos, que miman las señoras actualmente, sin duda para que, al lado de ellos, destaquen de una manera poderosa la delicadeza y la distinción femeninas.

Yo no sé cómo se llaman esos otros perros, también chatos y también a la moda, pero que no tienen fuerza ni energía alguna: unos perros barbudos, peludos, con los ojos y la boca cubiertos de pelos, muy serios, muy tristes y muy metódicos, y que parecen sabios. Esos perros reproducen exactamente la fisonomía del profesor alemán. No les faltan más que los lentes y la levita. Yo he visto a uno de esos perros en el circo, haciendo cálculos con una tiza sobre el encerado, y me daban ganas de ir a él y de presentarme a la manera alemana, diciéndole:

—*Herr Professor*: mi nombre es tal...

Aquel perro tan sabio, tan grave y tan disciplinado, que no ladraba ni meneaba la cola; aquel perro desgreñado y pedante, que miraba con desprecio a los perros acróbatas, merecía una cátedra en un gimnasio alemán, con un sueldo que le permitiera unirse a una perra también muy grave y digna de llevar el nombre de profesor: una perra triste, administrativa y fecunda.

El perro sabio y el perro de presa: éstos son los dos tipos más característicos de Alemania. El perro sabio, cada día más cubierto de pelos y más concentrado en sí mismo, y el perro de presa, cada vez más chato y con más mandíbula. Y estas dos clases de perros no ladran.

Las cigüeñas alemanas

Las postales de la cigüeña tienen un gran éxito en Alemania. La muchacha alemana que recibe una de estas postales se pone muy encendida y siente nacer en su seno un vago sentimiento maternal.

Según la leyenda, la cigüeña es la que llena de niños las cunas vacías. Los niños alemanes están en el mar, flotando a merced de las olas. La cigüeña los ve y va a buscarlos. Sus altas zancas le permiten meterse mar adentro, en una gran extensión, sin mojarse las plumas. La cigüeña va al mar, coge una criatura que está tiritando y la transporta, colgada del pico, a un hogar bien caliente. Luego, vuelve a la playa, y siempre así. Si Alemania tiene muchos millones de alemanes es gracias a la cigüeña. Ella recoge del mar, heladitos y berreando, los soldados y los profesores del porvenir. Todos estos oficiales tan tiesos, que son el orgullo de Alemania, no existirían hoy si, en un día lejano, la cigüeña no los hubiese metido debajo del ala, contra su corazón de cigüeña, y nos les hubiese dado a chupar, en espera de uno de estos senos alemanes, abundantes y tiernos, un biberón preparado científicamente, con arreglo a las últimas prescripciones de los colegios médicos.

La cigüeña es la salvación de Alemania, y Alemania la adora. Yo he podido apreciar toda la simpatía con que se mira aquí a la cigüeña en el jardín zoológico, a la hora en que las cigüeñas reciben su comida. Las futuras madres alemanas no pueden ocultar su rubor al ver a las cigüeñas. Todas las muchachas saben que, más o menos pronto, una cigüeña les llevará un chico a casa. ¿Quién será el padre de este chico? He aquí lo que ignoran las muchachas alemanas. Ello es que muchísimas criadas y muchísimas modistas, empleadas de los Bancos y profesoras de idiomas, van frecuentemente al jardín zoológico a visitar a las cigüeñas, en espera de que las cigüeñas las visiten a ellas.

En las postales están representadas las cigüeñas, una metiendo un chico en una maleta, otra tirando de una campanilla en una casa, a la que lleva un chico como regalo; otra meciendo a dos criaturitas en sus cunas, mirándolas tiernamente, por encima del pico. Todos esos chicos son el sostén y la fuerza de Alemania, y todos se los debe Alemania a la cigüeña.

Francia tiene un gallo, el gallo gaulois, fanfarrón y *poseur*, que se cree un águila. Frente al gallo francés, Alemania pudiera muy bien oponer su cigüeña, que es un animal desgarbado y triste, pero que moja su pico en el tintero y se pone a escribir hojas y hojas en los censos municipales.

Los médicos alemanes

He hablado con un médico español que está practicando aquí, en un hospital.

—¿Es cierto —le dije— que los médicos alemanes saben tanto?

—¡Oh! Saben una barbaridad. Usted no puede figurarse lo sabios que son. Estudian, estudian, estudian, se pasan diez, quince, veinte, veinticinco, treinta años, ensayando día y noche una cosa cualquiera. Le inoculan una enfermedad a un conejo, y luego se ponen a darle inyecciones. Le inyectan agua, vino, cerveza, azúcar, sal, azufre, mostaza, pimienta, leche, sopa de fideos, compota de melocotones, café, *cocktail*, alcanfor, ácido bórico, almidón, puré de patatas, ¡qué sé yo! Ponen en esto una tenacidad espantosa. Anotan cuidadosamente todos los resultados, y al cabo de los treinta años, casi siempre descubren alguna cosa útil.

—Matarán muchos conejos.

—Muchos conejos y muchos hombres. En ninguna parte el enfermo de hospital se parece a un conejo de Indias tanto como en Alemania; pero tampoco en ninguna otra se encuentra la medicina tan adelantada como aquí.

—Lo mismo parece que pasa con la arquitectura. También los arquitectos alemanes consideran a los inquilinos de las casas como conejos de Indias, y hoy los meten, por ejemplo, en una casa de tejado plano, y mañana en otra de tejado agudo, y alguna vez el tejado se les cae a los inquilinos en la cabeza.

—Yo no entiendo nada de arquitectura.

—Yo tampoco; pero conozco a un arquitecto español que me ha dicho que para estudiar arquitectura es indispensable venir a Alemania.

—Puede ser. Desde luego, para estudiar medicina hay que venir aquí.

—Pues yo conozco a un médico alemán que tiene mucha fama y que, cuando yo le dije que era español, me preguntó si el rumano era un idioma muy difícil. Se creía que nosotros hablábamos rumano.

—Es que aquí los médicos no saben nada más que medicina. Es lo contrario de lo que pasa en España. Allí todos tenemos una cultura general, y nadie tiene una cultura especial. Aquí, un médico trabaja como un pintor japonés. Ya sabe usted que en el Japón hay tío que se ha pasado ochenta años pintando lagartos. Un pintor de lagartos japonés es admirable. Velázquez que resucitara no podría pintar nunca un lagarto tan bien como el último pintor de lagartos japonés; pero un pintor que se ha pasado ochenta años pintando lagartos no logrará jamás copiar una cafetera; al querer hacer una cafetera, hará un lagarto. Igual pasa con los médicos alemanes. El que se especializa, por ejemplo, en enfermedades de la mano derecha, llega a ser un genio en su especialidad; pero si a usted le sale un sabañón en la mano izquierda, no se le ocurra a usted ir a consultar con él: no sabría qué hacer.

—Es verdad.

—Yo quisiera que viniese usted un día a mi hospital. Vería usted qué clínica tan curiosa. Allí llegan los enfermos y los ponen desnudos de arriba abajo. Luego les preguntan qué es lo que tienen. Yo he visto el otro día a un pobre hombre que se había visto obligado a desnudarse y que, cuando le preguntaron lo que tenía, enseñó el dedo gordo de una mano y dijo: «Yo tengo un uñero aquí».

—¿Y qué? ¿Aprende usted mucho?

—¡Pchs! Lo menos posible...

El método basta en las diversiones

—¿Y si nos fuéramos el jueves a tal lado? —dice uno.

—¡Hombre, no! Esas cosas no se pueden preparar de antemano. Para que salgan bien tienen que ocurrírsele a uno de pronto.

Este diálogo, como es natural, tiene lugar entre dos españoles. Igual da que se trate de una jira campestre, de una excursión arqueológica o de un paseo en busca de muchachas bonitas. Proposición para el porvenir que se lance en un círculo de españoles, proposición que es rechazada con el mismo argumento:

—Las cosas pensadas con anticipación nunca resultan bien.

Nosotros lo improvisamos todo: nuestras diversiones como nuestro trabajo. En España hasta los albañiles trabajan por inspiración. Aquí hasta los poetas tienen método. En ninguna parte parece tan exacta como aquí aquella definición que dice que el genio es una larga paciencia. Antes de venir a Alemania, a mí me desconcertaba esta frase. Yo comprendía que el peón de albañil fuese una larga paciencia, y que el profesor de la escuela Berlitz fuese una larga paciencia, pero no el genio. Los alemanes llegan a ser genios como los españoles llegan a ser diputados: por la paciencia, por la disciplina, por la perseverancia.

Aquí ni para divertirse existe la improvisación.

—¿Vamos a tal lado? –dice un alemán.

—¡Hombre! Así, sin haberlo pensado detenidamente...

Cuando yo me encuentro por la Friedrichstrasse a un grupo de alemanes haciendo mucho ruido, me detengo a observarlos con una gran complacencia. Todos sus gritos, todos sus gestos, todas sus actitudes están perfectamente estudiadas de antemano Por lo demás, esto no se nota a primera vista.

—¡Qué pesadez! ¡Qué falta de espontaneidad! –suele decir algún español.

Y yo salgo a la defensa de los alemanes:

—¿Qué se cree usted? ¿Que esta gente se divierte sin más ni más, a la buena de Dios? Nada de eso. Esta juerga está perfectamente documentada. Sus más pequeños incidentes han sido calculados desde hace tiempo en largas horas de reflexión. No, si para divertirse, como para todo, no hay más que los alemanes. El método, mi querido amigo, el método...

LA terminación *ieren* de los verbos alemanes se pronuncia *iren*. Así, *formulieren*, por ejemplo, debe leerse *formuliren*; *kalkieren*, *calquiren*, etc. Hecha esta observación, voy a exponer a la consideración de ustedes un pequeño vocabulario, para que vean que el alemán no es tan difícil como dice la gente.

Absolvieren, absolver.
Akzeptieren, aceptar.
Akkordieren, acordar.
Adoptieren, adoptar.
Applaudieren, aplaudir.
Assekurieren, asegurar.
Balanzieren, balancear.
Balsamieren, embalsamar.
Barbieren, afeitar.
Blockieren, bloquear.
Bombardieren, bombardear.
Bronzieren, broncear.
Chiffrieren, cifrar.
Debattieren, debatir.
Deduzieren, deducir.
Defraudieren, defraudar.
Degradieren, degradar.
Deklamieren, declamar.
Deklarieren, declarar.
Deklinieren, declinar.
Dekretieren decretar.
Delegieren, delegar.
Demonstrieren, demostrar.
Denunzieren denunciar.

Deponieren, deponer.
Desinfizieren, desinfectar.
Destillieren, destilar.
Dezimieren, diezmar.
Differieren, diferir.
Diktieren, dictar.
Dirigieren, dirigir.
Diskontieren, descontar.
Dispensieren, dispensar.
Disponieren, disponer.
Disputieren, disputar.
Dividieren, dividir.
Elektrisieren, electrizar.
Eliminieren, eliminar.
Emanzipieren, emancipar.
Egalisieren, igualar.
Examinieren, examinar.
Exerzieren, ejercitar.
Expedieren, expedir.
Explodieren, explotar.
Fabrizieren, fabricar.
Fantasieren, fantasear.
Figurieren, figurar.
Filtrieren, filtrar.
Formulieren, formular.
Frankieren, franquear.
Frottieren, frotar.
Galoppieren, galopar.
Galvanisieren, galvanizar.
Gratulieren, congratular.
Gravieren, grabar.
Gruppieren, agrupar.
Gummieren, engomar.
Illuminieren, iluminar.
Illustrieren, ilustrar.
Illustrieren, ilustrar.
Improvisieren, improvisar.
Inokulieren, inocular.
Installieren, instalar.
Instruieren, instruir.
Instrumentieren, instrumentar.
Interessieren, interesar.
Internieren, internar.
Interpellieren, interpelar.
Intervinieren, intervenir.
Intrigieren, intrigar.
Jubilieren, jubilar.
Kalkieren, calcar.
Kalkulieren, calcular.
Kanalisieren, canalizar.
Kartonieren, encartonar.
Kastrieren, castrar.
Kauterisieren, cauterizar.
Kokettieren, coquetear.
Kolorieren, colorear.
Kollektieren, recolectar.

Komentieren, comentar.
Kompensieren, compensar.
Komponieren, componer.
Kompromittieren, comprometer.
Kondensieren, condensar.
Konfirmieren, confirmar.
Konfiszieren, confiscar.
Konjugieren, conjugar.
Konservieren, conservar.
Konstruieren, construir.
Konsultieren, consultar.
Konzertieren, concertar.
Koordinieren, coordinar.
Kopieren, copiar.
Korrespondieren, corresponder.
Korrigieren, corregir.
Krystallisieren, cristalizar.
Kultivieren, cultivar.
Kurieren, curar.
Kursieren, cursar.
Zentralisieren, centralizar.
Zitieren, citar.
Zivilisieren, civilizar.

Los «señores» extranjeros

Los únicos impresores del mundo que han aceptado la ñ española son los ingleses. Los franceses no la han aceptado todavía, y los alemanes tampoco.

Los franceses, especialmente, no sólo no aceptan nuestra ñ, sino que ni siquiera la traducen. Hay una traducción francesa de *La campaña del Maestrazgo*, que se titula *La cloche du Maestrazgo*. Yo me quedé loco un día que me preguntaron en París:

—*Mais, que' est ce que c'est que cette sacrée cloche du Maroc?*

Sin embargo, nosotros respetamos el rabito de la *c* francesa, ese rabito que parece una perilla, y nunca escribimos *francais* sino *français*, ni *francois*, sino *françois*.

Que los franceses respeten nuestra ñ, si quieren que nosotros respetemos su *c* de rabito. No es cosa de que se abuse de nosotros porque seamos una nación débil.

La *ñ* española ha corrido muchísimas aventuras en el mundo. Un español entró un día en un estanco de Berlín a comprar cigarros. Le enseñaron unos habanos con una vitola que decía: «Cabanas».

—Estos habanos –dijo el español– los hacen ustedes en la trastienda, ¿eh?

El estanquero protestó.

—No proteste usted. Si fueran habanos, no diría en la vitola Cabanas, sino Cabañas. Esta *n* debiera tener una tilde.

Y el español inició al estanquero en los misterios de la *ñ* española. Algún tiempo después el mismo español volvió al estanco. El estanquero lo reconoció en seguida.

—Ya tenemos legítimos Cabañas —le dijo—. Vea usted.

Abrió una caja y le mostró un cigarro. En la vitola se leía: «Cabañas-Habaña». El estanquero, muy orgulloso, exclamaba:

—¡Habaños, habaños legítimos!...

La cocina alemana

Yo sé de un propagandista de la cultura alemana en España que cena todos los días salchichas frías y pan negro, con una botella de cerveza. Estas comidas le recuerdan a los filósofos y a los economistas alemanes tanto como la lectura de sus obras. Un *belegt Brot* de *Gänseleber* le sabe a Kant. En otro encuentra un gustillo así como a Fichte. Lleva ya muchos años en España y se conserva tan alemán como cuando llegó de vuelta de Berlín.

Hay quien está enfermo de esto o de lo otro, y prefiere emporcarse el estómago con medicinas a seguir un régimen alimenticio. De la misma manera, hay quien, para hacerse alemán, se mete una porción de libros en la cabeza en vez de beber cerveza y comer salchichas. Mientras no se come a la alemana no se puede ser verdaderamente alemán.

Aquí hay un español que lleva ya en Alemania más de tres años, y que todavía no sabe decir *guten Abend*. Es que ese español come a diario en un *restaurant* francés.

—No puedo digerir la cocina alemana —dice.

—Pues mientras no digiera usted la cocina alemana, tampoco digerirá usted la gramática. La gramática alemana hay que tomarla con *Sauerkohl* y con cerveza. O se la asimila uno así, o revienta.

Recientemente ha llegado a Berlín otro español que viene a estudiar economía política. Es un hombre muy inteligente; pero está delicado del estómago. Yo le he aconsejado que se vuelva a España.

¿Cómo va ese hombre a estudiar la economía política en Alemania si no puede comer más que huevos pasados por agua? La Junta de Pensiones debiera preocuparse de esto, y no pensionar para Alemania a las personas de estómago débil.

Para asimilarse la cultura alemana hace falta ante todo un gran estómago. Yo se lo decía el otro día a un compatriota, que se comió en dos minutos una enorme ración de *Schweine* con confitura.

—Usted llegará. A usted le darán una cátedra en la Universidad Central dentro de muy poco tiempo, o le harán diputado y le nombrarán de la Comisión de Presupuestos. Por lo menos, un puesto en el Instituto de Reformas Sociales no se lo quita a usted nadie.

—Pero ¿se baila en el Instituto de Reformas Sociales? –me preguntó mi compañero de mesa.

Aquel hombre que tenía tan buenas disposiciones para la cultura alemana era un bailarín. Estos contrasentidos se dan mucho en España.

Los españoles de casa Gruhe

De los españoles que vienen al extranjero, hay aproximadamente una mitad que se adaptan, que aprenden el idioma del país donde viven y que vuelven a España modificados. Los otros españoles ni aprenden idiomas, ni se transforman, ni sacan el menor provecho de sus viajes. Yo admiro a estos últimos españoles.

Los admiro, y creo que es de ellos y no de los otros de quienes debemos esperar algo. Ellos representan el espíritu expansivo de la raza.

Yo los he visto primero en Londres, en un *boarding-house* de Brunswick-Square, tenido por una señora malagueña. Allí vivían unos cuatro o cinco españoles, seis o siete ingleses, un francés, dos alemanes y un danés o noruego. Todos hablaban español y ningún español podía sostener una conversación en inglés.

Aquí, en Berlín, he visto también a esos españoles que no se adaptan. Viven en la pensión Grube, donde todo el mundo habla castellano. Lejos de acostumbrarse a la comida alemana, los españoles le han enseñado a la Grube a freír huevos en aceite. Como los juegos alemanes son difíciles, han impuesto el tute en casa de

Frau Grube, y los pensionistas cantan en alemán las veinte y las cuarenta.

—¡Pero esto es una vergüenza! –me decía un día uno de los españoles adaptados–. Vivir en casa de la Grube es como vivir en la calle de Jacometrezo. ¿Para qué han venido estos españoles a Alemania?

Pues han venido a Alemania para conquistarla, que es lo castizo, y no para dejarse conquistar por ella. Actualmente, nosotros no tenemos fuerza; pero nuestro espíritu es el mismo de los soldados de América y de Flandes. Esto se ve muy bien en casa de *Frau* Grube. Aquí se comprende toda nuestra epopeya de dominio sobre el mundo. Aquí se comprende también nuestro estado actual.

¡A LOS TOROS!

DESPUÉS de cenar me puse el sombrero de la manera más cordobesa posible y me lancé a la calle.

—¿A dónde va usted?

—A los toros.

Iba a los toros, en efecto. Ya saben ustedes que hay aquí dos toreros españoles: los hermanos Carpinterito. Estos Carpinteritos torean todas las noches, en el Zirkus Busch, un par de becerros importados de España. La pista figura una plaza con el palco de la presidencia. A los lados del palco, una porción de coristas hacen de público español y gritan durante toda la corrida:

—¡Ole! ¡Ole! ¡Vivan los fueros!

Durante quince días los Carpinteritos han estado ensayando sus faenas. Al principio se negaron a ensayar.

—¿No ven ustedes –dijeron– que los toros van a aprender demasiado?

—¡Estos españoles!... –exclamó el director–. ¡Qué falta de método! ¿Es decir, que en España los toros llegan a la plaza sin preparación ninguna?

—*Natürlich* –dijeron a coro los dos Carpinteritos, que ya han aprendido esta palabra de alemán.

—Pero entonces los toros no sabrán qué hacer en la plaza.

—Claro que no.

—¡Qué imprevisión más grande! ¡Nada, nada! Aquí es preciso que los toros no aparezcan en público hasta que estén convenientemente preparados.

Y están preparadísimos. ¡Qué admirables resultados produce el método alemán! Dos becerros de Oñoro, que al salir de España no sabían una palabra de nada, y que se hubieran dejado engañar por el primer torero que les echase una verónica, ahora saben muchísimo más que el Guerra. Cuando les muestran una capa, se quedan tan frescos, y cuando tocan a matar, dan media vuelta y se van.

El director se frota las manos de gusto.

—¿Han visto ustedes –les dice a los Carpinteritos– qué adelantados están los bueyes?

Como esos bueyes, yo sé de otros que también han venido a Alemania a estudiar, y que, gracias al método alemán, han vuelto sabios a España. Que Dios les conserve la sabiduría.

Falsificación de andaluces

En el extranjero, todos los españoles menores de treinta años son un poco andaluces: todos tienen un sombrero más o menos cordobés, todos bailan flamenco y todos conservan la cicatriz de alguna cornada. Cuando haya un andaluz con gracia, yo espero de él una lamentación sobre esta terrible concurrencia que le hacen por aquí al andalucismo gallegos, catalanes, vascos, asturianos, navarros y canarios. El andaluz que llega a París o a Berlín se encuentra con que el gusto del público en materias andaluzas está adulterado lamentablemente. Yo sé de uno al que le pidieron un tango, se puso a bailarlo y le dijeron:

—Pero usted, ¿de qué parte de España es?

—De Sevilla.

—¿De Sevilla? No es posible.

Y una de las niñas –la escena ocurría en una casa de familia de Múnich– comenzó a bailar lo que ella entendía por el tango andaluz. El andaluz se quedó loco al reconocer la muñeira. Sus protestas fueron vanas.

—El que me enseñó esto –decía la chica– era un auténtico gitano andaluz.

—Un gitano de Pontevedra...

—Precisamente. De Pontevedra. Ahora lo recuerdo...

Con el periodismo pasa como con el andalucismo. Todos los españoles que están en el extranjero son también un poco periodistas. En el extranjero, el ser periodista español es casi tan fácil como el ser andaluz. Es cuestión de hechuras y de indumentaria. ¡Así hay tantos periodistas españoles por aquí! Son periodistas como un hijo de San Felíu de Guixols es andaluz. Sin embargo, no sólo engañan a la patrona del *Pensionat*, sino que muchas veces engañan también a nuestros representantes en el extranjero, los cuales no se distinguen casi nunca por su asiduidad en la lectura de la prensa española.

Estos periodistas están mucho más documentados que los periodistas auténticos. Casi todos tienen su carnet, sus tarjetas de visita, su papel timbrado. Además –la justicia ante todo–, tienen una presentación infinitamente superior a la nuestra. Yo he observado que, generalmente, el hombre que posee un verdadero tipo de periodista no se resigna a meterse en una redacción, sino que lo explota en otros medios sociales mucho más lucrativos.

Los periodistas verdaderos estamos en una situación de evidente inferioridad con respecto a los falsos periodistas. Además, ellos son muchísimos, y nosotros somos cinco o seis. Yo tuve un día que aceptar la protección de uno de ellos para entrar en un teatro. Supongo que mi caso no será único.

Los falsos periodistas españoles del extranjero se dividen en dos clases, como los falsos andaluces: unos explotan el periodismo con nuestros representantes diplomáticos y con las cámaras de comercio, como otros explotan el flamenquismo con las mujeres.

—¡Que yo no soy flamenco! –decía un andaluz en París–. ¡Tiene *grasia*! Pero si vivo de eso.

También muchos falsos periodistas viven del periodismo; pero esto, que parece que les iguala a los periodistas verdaderos, yo creo que, al contrario, les diferencia de ellos...

La otra clase de falsos periodistas y de falsos andaluces es mucho más tolerable. Es casi simpática. Se compone de gentes que quieren tener una representación, un «aire», una cosa que vista y que quite un poco la cabeza. Consideran que un español, fuera de España, está obligado a haber nacido en Sevilla o a ser corresponsal de *La Tribuna*. En general, tienen verdadera vocación de periodistas y de sevillanos.

Yo me encontré el otro día en Berlín a un verdadero andaluz. Era un andaluz triste. Tenía un exterior de andaluz como yo lo tengo de periodista: un exterior nulo. Aquel andaluz no sabe por qué motivo yo le apreté la mano con tanta fuerza al despedirme de él.

Levitas alemanas

Herr profesor Aschinger, con cuya vecindad me honro, tiene su título y su levita. Ambas cosas son de la misma fecha y ambas muestran la sabiduría del profesor Aschinger. Ustedes, en España, sólo conocen levitas parlamentarias y no tienen la menor idea sobre estas levitas del profesorado alemán. La levita de un profesor alemán es algo tan solemne y tan grasiento, que ningún espíritu frívolo se atrevería a ponérsela. Para endosar una de estas levitas se necesita ser un filósofo profundo y despreciar todas las vanidades de una manera perfectamente kantiana.

Tal es el caso del profesor Aschinger. El profesor Aschinger se mete dentro de su levita como una señorita se mete en un convento; se enclaustra en la levita para renunciar a todas las banalidades mundanas. Su levita es su refugio. Es el asilo donde su alma de profesor alemán no será turbada por ninguna cosa que carezca de un gran interés científico. El profesor Aschinger sabe que a la levita de un profesor alemán no llega nunca la alegría inconsciente de las muchachas, ni el perfume de las flores, ni el gorjear de los pájaros, ni las exigencias de la patrona, y que en cuanto un profesor alemán se mete en su levita, todas las seducciones y todas las contrariedades de la vida carecen de efecto sobre él.

Todas las noches, el profesor Aschinger deja su levita cuidadosamente colgada en el pasillo; la criada la recoge al amanecer, y yo no sé lo que hace con ella. La trata con grandes miramientos. Yo creo que es la criada quien cuida de que en la levita de mi ilustre vecino no falten nunca unas cuantas manchas de grasa. Para mí que la criada echa las gotas de grasa en la levita del profesor con el mismo procedimiento con que las echa en las tazas de caldo, aunque con un poco más de respeto. El otro día, el profesor Aschinger recogía su levita:

—Todavía puede tirar unos añitos, ¿eh?—me dijo.

—Ya lo creo, *Herr Professor* —léase *profésor*—. Esta levita no puede estar más *docente*...

El profesor Aschinger, que lo sabe todo, sabe también español; pero este chiste mezquino, del que me arrepiento con toda mi alma, no atravesó su epidermis.

¿Qué sería del profesor Aschinger sin su levita? Su levita está tan identificada con su sabiduría, que a mí se me figura que es su sabiduría misma. Se me figura que, al quitarse la levita, el profesor Aschinger se queda despojado de su ciencia, que se le olvida todo de pronto, ¡todo!, y que ya no lo recuerda hasta por la mañana, cuando, ayudado de la chica, se embute otra vez en la prenda venerable. Debe de ser así, y yo me alegro de que lo sea, porque, de otro modo, el profesor Aschinger no podría dormir a gusto.

Y si es así, entonces se explica perfectamente la adoración del buen pueblo alemán por las levitas de sus profesores y el respeto con que, en los cafés y en las casas, mira aquí todo el mundo al hombre que entra con una levita sucia, calva, deforme, imposible.

El guardia inglés y el guardia alemán

Hace cosa de un par de meses, un cochero parece que le contestó irrespetuosamente a un guardia. El guardia sacó un revólver, le disparó un tiro y lo mató. Este guardia acaba de ser absuelto.

Yo he hablado mal de los guardias ingleses. He dicho que eran grandes, impermeables y justos. Son grandes e impermeables, en efecto; más impermeables y más grandes que los guardias alemanes; pero son mucho más humanos. Podrían despreciar a la pobre humanidad que pasa a sus pies, pataleando entre el lodo, y, lejos de despreciarla, la cobijan con una mirada paternal. Yo he conocido en Londres a un *policeman* que se tomaba sus seis y siete *whiskys* lo más humanamente del mundo, como un mortal cualquiera. Hay otros que hasta les sonríen a las muchachas y que se echan novias en el gremio de las criadas de servir. A poco de llegar a Londres, uno se siente protegido por el guardia inglés, como cuando era chico y soñaba que le protegía un gigante. Él le da a uno bondadosamente toda clase de informes, cuando podría hacer como el guardia alemán, y no darle ninguno. Le traza a uno planos en un pedazo de papel; le busca a uno una solución equitativa en sus conflictos con el cochero y le enseña a pronunciar correctamente:

—¿Ha dicho usted tal cosa? No. Debe usted alargar la ele final. Así...

Sobre todo, el guardia inglés no le tira a uno tiros. El guardia es, en Londres, el padre de todos. A veces, le pone a uno cara dura; pero no hay que guardarle rencor. Lo hace por mantener su autoridad paternal y para no corromper a los ciudadanos con una dulzura excesiva. Yo he visto frecuentemente a un guardia inglés amenazar a un borracho, y luego, de espaldas al borracho, sonreír bondadosamente con una gran indulgencia. En uno de estos momentos, un guardia me dijo un día en Charing Cross Road:

—La verdad es que hay borrachos muy graciosos; pero es preciso ponerles mala cara. A mí esto me cuesta bastante trabajo...

Además, los guardias ingleses no le muerden al extranjero ni nada. Entre estos guardias prusianos, yo los recuerdo con verdadero amor. Los recuerdo como unos guardias bondadosos, paternales, sonrientes y que no tienen pinchos en el casco. Cada guardia prusiano es una estatua más o menos tosca del rey de Prusia: una estatua que reproduce al modelo en la más fiera de sus actitudes. ¿Quién sería bastante audaz para preguntarle por una calle?

Las barbas de Restrepo[3]

—¿De veras que no me conoce usted?

—Palabra de honor que no.

—¡Pero hombre! ¡Si soy Restrepo!...

Hacía lo menos cuatro años que yo no veía a Restrepo. Le conocí en Madrid, donde estaba metido en política, y aspiraba a obtener una buena colocación. Hasta ayer no le había visto nunca en otras partes.

—¿Cómo iba a reconocerle a usted? Está usted completamente cambiado. ¡Sin barba! ¡Sin bigote!... No le encuentro a usted carácter ninguno, amigo Restrepo.

---

3. Restrepo es el nombre que da Camba a un personaje inventado a quien toma como interlocutor para recrear anécdotas o diálogos probablemente ficticios. Se trata de un recurso muy habitual en las crónicas enviadas por el periodista desde el extranjero, donde a veces describe encuentros casuales con compatriotas –a quienes cita por su apellido: «Carrascosa», «Rodríguez»– que ejercen de prototipo del turista español portador de las costumbres nacionales. En el caso de Restrepo, que con anterioridad a esta ya había aparecido en una crónica incluida en *Londres* («Restrepo el infatigable», *El Mundo*, 18-XII-1911), Camba le otorga además el papel protagonista –como un escritor de novelas muy vendidas pero a quien no leía nadie– en su novela corta *El matrimonio de Restrepo*, publicada en 1924 dentro de la colección «La novela de hoy».

Las barbas de Restrepo eran verdaderamente admirables. Se puede decir que ellas constituían por sí solas toda la personalidad de Restrepo. Uno no se imaginaba el resto de Restrepo más que como un simple administrador de aquellas barbas magníficas. Barbas así, sólo se ven en la política española, y, a la larga, obtienen siempre su recompensa. Los jefes de partido las emplean en los cargos de gran representación, donde suelen dar resultados excelentes, y les asignan unos sueldos pingües. Para ello, sólo hace falta una cosa: consecuencia. Hay que ser consecuente en la política y en las barbas. Hay que cultivarlas un año y otro, como un campo de trigo. Renunciar a las barbas de toda la vida es una cosa que está muy mal vista en política.

—¿Y qué hace usted ahora, amigo Restrepo? ¿En qué se entretiene usted sin barbas que cuidar? Si yo hubiera tenido unas barbas como las suyas y me las hubiera cortado, la existencia me resultaría baldía.

—Pues verá usted –me dijo Restrepo–. Ahora vengo de Londres. Llevo ya dos años y pico en el extranjero. Me dedico a hacer traducciones y a enseñar español. Las barbas me estorbaban, me absorbían mucho tiempo; de conservarlas, hubiera tenido que abandonar mis trabajos, y esto era imposible. Comprenderá usted que yo no podía vivir exclusivamente de mis barbas.

—Verdaderamente. En el extranjero, un hombre no puede vivir de sus barbas. Estos idiotas no saben comprender lo que vale una buena presencia.

—Pues nada, que me quité las barbas. Algún trabajillo me costó decidirme; se lo digo a usted en serio. Sí, señor. Uno llega a encariñarse con sus barbas. No, y que usted lo dirá en broma;

pero unas barbas así como las que yo tenía le hacen a uno respetar de todo el mundo en España. En el extranjero, ya es distinto. Por aquí uno se gana la vida como puede. A veces tiene uno que hacer cosas que no van bien con las barbas, ¿me entiende usted? Por ejemplo: a veces tiene uno que acompañar a un argentino recién llegado y servirle de intérprete. La verdad, no está bien hacer un oficio así con unas barbas hasta la cintura.

¡El gran Restrepo! ¡Y yo que le creía un tránsfuga! Resulta, al contrario, que se ha quitado las barbas para no envilecerlas en un trabajo indigno. Al lado de Restrepo, ¿qué vale el sacrificio de Guzmán el Bueno? Restrepo era liberal. ¿No habrá un premio para su conducta, señor conde de Romanones?

—Sí, amigo Camba. Me quité las barbas. ¿Qué iba a hacer con ellas por el mundo? ¿Cómo iba a entrar con aquellas barbas en un *restaurant* de treinta céntimos el plato? ¡Todavía, si pensara volver a España! Pero yo no espero ya nada de la política.

Pedimos otras copitas. Restrepo estaba muy confidencial. Sin barbas, resulta un hombre mucho más humano y más sencillo. Me confesó que en Londres, donde tuvo lugar el sacrificio, le dieron por las barbas tres chelines y medio. ¡Una miseria!...

—No deja usted de tener razón —añadió— al decir que la vida, sin barbas, debe de resultar baldía para mí. La verdad es que, cuando me quedo sin trabajo, no sé qué hacer de las manos.

Y el pobre Restrepo, al decir esto, se acariciaba una barba imaginaria.

—Ya que nos hemos encontrado aquí, en Berlín, amigo Restrepo, ¿quiere usted que pasemos la noche juntos?

Le hice un programa. Estoy seguro que si Restrepo hubiese tenido las barbas no lo hubiese aceptado. Todo él le hubiera parecido muy poco serio. Las barbas de Restrepo influían poderosamente sobre su sentido moral. Él creía –y esta creencia es como una síntesis de la religión de las barbas– que un hombre decorosamente barbado se encuentra obligado a cierta austeridad en sus costumbres. Ante sus propias barbas, Restrepo estaba siempre como ante su jefe político: grave, disciplinado y un poco trascendental. Ahora no tiene ya barbas ni política, lo que le da libertad, pero le quita representación y *self-respect*.

¡Pobre Restrepo! ¡Y pensar que de haber continuado en España sin afeitarse le hubiesen hecho por lo menos jefe de Negociado!

El genio es un caso de idiotez

El genio es un caso de idiotez. Para resultar genio se necesita ser muy bruto, o bien ser alemán. Un hombre inteligente no sirve para genio, no puede pasarse toda la vida estudiando coleópteros o descifrando jeroglíficos. ¿No han visto ustedes nunca un genio? Un genio es un hombre que, al levantarse, abre el armario, alarga la mano y dice:

—Un poco oscuro está el día; pero no llueve.

Luego se empeña en meter el pie derecho dentro de la bota izquierda. Por último, con el sombrero sobre la cabeza, se pone a mirar debajo de las sillas, diciendo:

—¿Dónde está mi sombrero?

No le hablen ustedes al genio de la guerra de los Balcanes, porque no sabe que hay guerra en los Balcanes, ni de ninguna otra cosa. Contestará siempre como un imbécil. Un genio es un hombre del que la gente acaba siempre por decir:

—¿Y éste es el genio?

La genialidad no es nada más que la idiotez metodizada. Es una limitación de la inteligencia. No es un caso de locura. Es un caso de estupidez. Yo ya he hablado del especialista en enfermedades de la mano derecha, que no tiene la menor opinión sobre las enfermedades de la mano izquierda. Este especialista puede ser un genio, mientras que el hombre inteligente, el que tiene la facultad de asociar y relacionar ideas, ése no es un genio jamás. El genio no sirve absolutamente para nada más que para una sola cosa. Cuando yo veo a un chico con cara de idiota, que se pasa el día cazando moscas, digo:

—Este chico puede llegar a ser un genio y a escribir un libro definitivo, en diecisiete volúmenes, sobre la vida de las moscas.

Esto no quiere decir que los genios no sean útiles. Sin embargo, ninguna persona que tenga la menor aptitud para cualquier cosa se dedicaría a genio. Es un oficio verdaderamente embrutecedor. Se trabaja mucho y no se gana nada.

El gabán de pieles

Pared por medio conmigo vive un catedrático de la Universidad de Madrid, que ha venido a casa de *Frau* Grube para estudiar los últimos adelantos antropológicos. Es un hombre bastante sensible al frío berlinés, y yo le aconsejé que se comprara un gabán de pieles.

—¡Un gabán de pieles! ¿Está usted loco?

—¡Hombre! Yo he visto en la Friedrichstrasse unos gabanes de pieles bastante buenos, desde ciento treinta marcos. Si yo fuese un catedrático como usted, o, por lo menos, si yo escribiese de política o de sociología en vez de hacer crónicas literarias, ya me hubiese comprado uno.

No pude convencer a mi amigo, que sigue tiritando. ¡Un gabán de pieles! ¡Ahí es nada un gabán de pieles para un español! El español considera el gabán de pieles como una prenda suntuaria, de la que sólo pueden investirse los grandes personajes. Un español modesto, un español que carezca de ambición política o que esté afiliado a un partido popular, no se pondrá jamás un gabán de pieles. Ahí tienen ustedes a Lerroux. Desde que se ha comprado un gabán de pieles ha perdido la mitad de sus partidarios. Ustedes pueden decirles a los lerrouxistas lo que quieran: que Lerroux ha hecho esto y lo otro y lo de más allá... Los lerrouxistas seguirán firmes en sus convicciones. En cambio, díganles ustedes que han visto a Lerroux con un gabán de pieles, y, si lo dicen ustedes con un poco de elocuencia, verán ustedes qué impresión más honda se produce en el auditorio. *El Progreso*, de Barcelona, ha tratado de contrarrestar el mal efecto producido en la opinión republicana por el gabán de Lerroux asegurando que sus pieles son pieles de conejo.

—Lo malo —me decía un día Emiliano Iglesias— es que los periódicos que hacen campaña contra Lerroux lanzan una calumnia y no la rectifican nunca.

Un día Lerroux compareció con su gabán en un mitin de Barcelona.

—Aquí —dijo— todos somos uno. ¿Veis este gabán? Pues me lo quito.

Lerroux es un gran orador. Se quitó el gabán con tal gesto, con tal elocuencia, que se ganó una ovación formidable; al terminar el acto se embutió otra vez en el gabán y se fue a la calle.

En los partidos monárquicos basta con ser un simple diputado para poder usar gabán de pieles. En el partido republicano el gabán de pieles no se les permite ni aun a los jefes. Fuera de la política, de la magistratura y de la cátedra, el gabán de pieles no lo puede llevar en España realmente nadie.

Yo he visto a varios gobernadores y a algún subsecretario sudando el quilo bajo un gabán de pieles a mediados de septiembre, para darle dignidad al cargo.

Una vez que se anunciaba la subida de Moret al Poder, me decía un viejo moretista, que vivía conmigo en una casa de huéspedes de la calle de la Salud:

—¿No conoce usted ningún sastre que haga ropa a plazos? Ya ve usted. Si yo pudiera proporcionarme un gabán de pieles, tengo la seguridad de que Moret me daría una provincia en la próxima combinación; pero con este guiñapo –haciéndome ver al trasluz la transparencia del guiñapo–, con este guiñapo yo no puedo obligarle a nada.

—¡Pero hombre! Que le den a usted una provincia cálida: Mallorca, Málaga.

—Ya verán ustedes cómo no me la dan –me dijo mi amigo.

Y no se la dieron. Entonces mi amigo ingresó en el partido republicano. No tenía ropa de monárquico, e hizo bien.

SEGUNDA PARTE

CON LOS BÁVAROS

El país de la cerveza

A las dos horas de estar en Múnich, yo me había bebido ya tres litros de cerveza. Este es el país de la cerveza y del arte decorativo. ¡País simpatiquísimo por lo demás! De estos guardias a los guardias prusianos hay una diferencia enorme. Los guardias de Múnich no tan sólo no le pegan a uno, sino que le dan amablemente toda clase de informaciones. La gente es gorda y campechana, y no se las echa de graciosa ni hace chistes con los acusativos como la gente de Prusia. En los cafés, en las cervecerías, en los restaurants en todas partes, en vez de un camarero con la cabeza afeitada, viene una camarera que, al inclinarse, coloca un pecho bávaro sobre el velador y le dice a uno:

—*Was wünschen Sie, mein Herr?*

Los parroquianos entablan fácilmente conversación con uno.

—Usted es ruso, ¿eh?

—No, señor.

—¡Ah! ¿No es usted ruso?

Y se ríen. Se ríen para demostrar que están muy contentos de que uno no sea ruso; como se reirían para manifestar su alegría de que uno lo fuese, si lo fuese uno. Se ríen con la barriga mucho más que con la cara. La barriga de un muniqués ustedes no saben qué fuerza de expresión tiene. A su lado, las caras griegas e italianas parecen de palo. Yo le miro a un muniqués la barriga, y sé si le he sido simpático o antipático. Generalmente, le soy simpático, porque el muniqués es todo optimismo.

—¿Conque no es usted ruso? –le dicen a uno los muniqueses–. Húngaro, ¿eh?

—No. Soy español.

—¡Ah! Es usted español. Muy bien. Muy bien. *Prosit!*

Y se bebe. Se bebe una cerveza pastosa, sabrosa, que a la larga debe de hacerle a uno gordo y benévolo como el muniqués. Nada de *american drinks*, como en Berlín. Nada de modas francesas e inglesas, como en Berlín. El viejo *bock* tradicional y la enorme pipa bávara.

—En Berlín –me dijo un muniqués– creo que beben la cerveza con unas pajitas. Aquí la bebemos así.

Y cogió un *Mass*, un jarro de a litro que tenía delante, y lo vació de un trago muy lento.

Claro que para alternar con los muniqueses yo supongo que me faltará siempre capacidad de estómago. Un hombre que tenga bastante capacidad de estómago llegaría a encontrarse en Múnich como en su propia casa. Capacidad de estómago y una pequeña renta, porque aquí, como en todos los países donde la vida es verdaderamente agradable, no hay manera de trabajar.

El clima de Múnich

Yo he hecho más de cien artículos justificando la vida inglesa por razón del clima. En Múnich el clima es lo de menos, y lo único importante es la cerveza. La cerveza es, como si dijéramos, el clima de Múnich. Si los muniqueses tienen la barriga gorda y el carácter indolente, se lo deben a la cerveza.

Ya sé que no digo una cosa completamente nueva. Es sabido que el champaña influye en el francés, y el *schidamer* en el holandés, y el jerez en el inglés, que es quien se lo bebe; pero en ninguna parte ha llegado a adquirir la bebida esta importancia climatológica que tiene en Múnich. Como causa de determinismo fisiológico, en Múnich no hay más que cerveza. La hay rubia y oscura, la hay añeja y la hay reciente; pero no hay más que cerveza. La tierra bávara es como si la hubieran amasado con levadura de cerveza. El cielo, las nubes, parecen vapores de cerveza. Yo creo que la cerveza regula en Múnich la temperatura, así como en otros lados la regula el mar. La vida tiene en Múnich sabor de cerveza. Las muchachas, rubias o morenas –*helles* o *dunkelles*–, según el gusto de cada cual, son tan embriagadoras, poco más o menos, como la cerveza, que embriaga por la cantidad, y deben de tener un alma semejante al alma de la *Spaten* o de la *Pschorr*.

La cerveza es en Múnich más que la niebla en Londres y más que el sol en Andalucía. En otro orden de comparaciones, es más que el opio para el chino, más que la morfina, el éter y la cocaína para todos los que buscan en el mundo paraísos artificiales. El muniqués vive constantemente en un paraíso de cerveza. Su embriaguez es plácida, beatífica, y debe de estar poblada de visiones indescriptibles: mujeres muy gordas, muy gordas, bañándose en un estanque con un surtidor que arroja al aire cerveza de todos colores... ¡Qué sé yo!

Hay cervecerías en Múnich –la *Hofbräuhaus*, por ejemplo– que son como catedrales, porque en materia de religión yo creo que el muniqués es, ante todo, bebedor de cerveza. En esas cervecerías es donde se bebe la mejor cerveza de Múnich, y allí van todos, ricos y pobres, catedráticos y cocheros de punto, y beben a la misma mesa y hablan y brindan. La cerveza los hace demócratas. Múnich, emporio de la democracia alemana, es lo que es gracias a la cerveza.

La cerveza es pan y es vino para el muniqués, alma y materia, religión y clima. Es el universo del muniqués, su mundo visible y su mundo invisible.

La arquitectura de Múnich

En Múnich, como en todas las ciudades alemanas, los edificios reproducen la historia entera de la arquitectura: griego, románico, gótico, renacimiento, etc., hasta el *modern style* belga de M. Vandervelde. Al lado de un chalet suizo se ve un Partenón; luego viene un *cottage* inglés, y en seguida una catedral, que es un restaurant o una tienda de mercería. Hay pensiones de familia con la fachada cubierta de dioses, de guerreros medievales y de gigantes de los Nibelungos, donde se vive por cien marcos al mes. Todos los pensionistas saben que estas casas tan medievales tienen apenas seis o siete años, y yo creo que un hombre verdaderamente escrupuloso no se prestaría jamás a vivir en ellas.

En Múnich, sin embargo, la impresión que le produce a uno la arquitectura no es tan espantosa como en Berlín, que, más que una ciudad de verdad, parece una exposición universal. Los muniqueses tienen menos dinero que los berlineses. Esto, y un cierto sentido artístico que ha existido siempre en Múnich, les ha impedido llegar a horrores como el Rheingold o como Wertheim, y hacer esos edificios enormes que parecen cuarteles. Además, en

Múnich algunas construcciones medievales son verdaderamente medievales.

Aquí no hay estatuas de los Hohenzollern, ni de Moltke, ni de Bismarck. Hay estatuas de Ludovico II y demás reyes artistas de Baviera: unas estatuas que parecen de tenores, pero que son mucho más simpáticas que las estatuas de Berlín. Hay también la obsesión de lo helénico, porque Múnich es la Atenas alemana. Así, en Múnich se ven Propileos públicos y privados. Yo estuve en una casa de huéspedes que se llama el Propileo, con su peristilo y sus frisos y todo. Vi las habitaciones, y si no me quedé a vivir allí, fue porque no me consideré lo bastante ático para una casa como aquélla. Cuestión de modestia únicamente.

Esta obsesión de lo helénico que tienen los muniqueses se parece a la de esos literatos que no saben hablar más que de Petronio II y de Afrodita. Múnich tiene algo de uno de esos libros que se llaman *Friné* o *Astartea*. ¡Pero qué simpático no le resulta a uno Múnich al lado de Berlín, y estos reyes abaritonados, con sus túnicas y sus cisnes, y sus barcos de plata y todas sus chaladuras, comparados a los Hohenzollern del Tiergarten!

El lago, la cerveza y los monumentos

En cuanto hace sol, los trenes de Múnich a Starnberg se llenan de gente. Cada cinco minutos salían trenes el otro día de la Hauptbahnhof para Starnberg, y, por un precio ínfimo, los muniqueses iban a bañarse en el lago, a respirar aire puro y a saturarse de luz. Los unos iban en *Personenzug*, o «trenes de personas». Los otros, en trenes de capitalistas. Estos «trenes de personas» eran los únicos que había antes aquí, fuera de los trenes de mercancías; luego se hicieron trenes expresos y de lujo; pero a los primitivos trenes se les sigue llamando «trenes de personas».

Yo me fui también a Starnberg. Desde que estuve en Suiza me considero un hombre muy inteligente en lagos. De Starnberg navegué hasta Leoni –diez minutos– a bordo del *Bavaria*. Visité el monumento a Bismarck y tomé pasaje en otro barco, el *Wittelsbach*, hasta Tützing. Antes de llegar a Leoni se ve un monumento erigido en memoria de Luis II, a orillas del lago, en el mismo sitio donde se ahogó aquel rey Lohengrin. ¡Las cosas que han escrito los ingleses sobre la muerte de Luis II! Luis II tomó su papel de rey a la manera de un actor. Parece que cuando iban a ponerle a Napoleón un manto imperial, Napoleón se azoró mucho.

—¡Un manto imperial! —dijo—. Cualquier actor sabría llevarlo perfectamente; pero yo haré el ridículo si me lo pongo.

Luis II de Baviera hizo de rey, como hubiera hecho Thuillier. Plumas, penachos, armiño, púrpura... Le dio a la realeza toda la teatralidad que ella necesita. Su cama era de terciopelo, con piedras preciosas, cubierta de un áureo baldaquino. En sus castillos había puertas falsas, que no servían para nada, pero que eran perfectamente *espectaculosas*, por decirlo con una palabra muy pintoresca, que el señor Unamuno ha tomado del portugués. A la hora de comer, ante los invitados estupefactos, una mesa, espléndidamente servida, surgía del suelo en el castillo de Luis II, como en las novelas de folletín. Luis II se paseaba en góndolas de forma de cisne, a la luz de la Luna, vestido de Lohengrin, sobre los lagos bávaros. Fue un rey de gran espectáculo. Su muerte misteriosa, todavía sirve para hacer ensayos de literatura lírica y romántica.

Yo he visto el monumento a Luis II con gran simpatía, con mucha más simpatía, desde luego, que el monumento a Bismarck. Supongo que ya saben ustedes lo que es un monumento a Bismarck. Un monumento a Bismarck es una cosa de piedra, enorme y pesada, con la que se tropieza uno frecuentemente en Alemania. Los franceses encuentran de mal gusto los monumentos a Bismarck. Yo también; pero, en fin, Bismarck no era una bailarina, no se le van a dedicar unos monumentos gráciles y ligeros ni se van a plantar lirios en torno de ellos.

—Esto es brutal, esto no es artístico —dicen los franceses ante los monumentos de Bismarck.

Pero ¿qué otra clase de monumentos podrían erigírsele a Bismarck? ¿Monumentos, acaso, como el que los franceses le han dedicado en París a Alfredo de Musset?

Y, después de todo, si el monumento a Bismarck que yo he visto es feo, el lago de Starnberg es precioso. ¡Y qué peces más sabrosos los que tiene! Yo los he comido en Tützing, en el hotel Simson, un hotel que hizo popular en todo el mundo la pluma acusadora de Maximiliano Harden. Tützing es un escondite ideal para toda clase de amores. Pero más vale hablar de los peces que de los amores del hotel Simson. Los peces del lago de Starnberg son muy sabrosos, como digo, y el lago es encantador. Pictóricamente, no se puede imaginar nada más decorativo. Los muniqueses se bañan en sus orillas y luego se pasean al sol en taparrabos, de una manera muy salerosa. Hay música, hay restaurants, hay farolillos a la veneciana en cuanto cae la noche. A orillas del lago se puede cenar por dos marcos y se puede tomar un medio litro de cerveza por treinta céntimos.

Con lagos así y con una cerveza como la cerveza muniquesa, ¿qué de extraño es que la gente tenga aquí buen carácter y una visión optimista de la vida?

La moral de Múnich

La moral de Múnich, con respecto a la moral francesa, es una cosa así como la moral francesa con respecto a la moral española. El español llega a París y descubre el placer. Ve que no hay en ninguna parte reuniones de hombres solos; que en la vida del estudiante más pobre pone siempre alguna muchacha un poco de alegría. Ve las muchachas mezcladas a los hombres en el café, en el *restaurant*, en todos los lugares públicos. De noche, al subir a un quinto o sexto piso, va viendo ante las puertas de los otros cuartos, junto a esas botas enormes y deformes de los franceses, unos zapatitos de mujer, que, aunque tengan en general los tacones algo torcidos, no por eso carecen de poesía. El español recién llegado a París ve, en fin, que un joven se despide de su novia dándole un beso en medio de la calle, y que el beso no tiene en París, como en España, la importancia de un pecado capital.

Pues París es a Múnich lo que Madrid o Barcelona son a París. No es que haya un vicio terrible en Múnich; yo no creo que estas muchachas rubias, de carnes blancas y abundantes, puedan ser nunca viciosas. Es que son de una moral fácil y de un gusto muy acomodaticio. El amor no es para ellas ni una cosa trágica ni una cosa perversa. Es una manera de divertirse que tienen aquí las camareras y las modistas. Cuando salen de paseo con usted, si usted las invita a bailar, bailan; si las invita usted a comer, comen, y si las invita usted a amar, aman. Y no presuma usted luego de seductor ni de terrible Pérez. Ya he dicho que estas muchachas tienen un gusto muy acomodaticio, y la que se va de paseo con usted, igual se iría con un estudiante alemán que tuviera la cabeza llena de cortaduras, con un rentista muniqués de vientre enorme, con un pintor serbio o con un joven nipón. Dan el corazón como dan la mano. Aman igual que hablan.

Si es usted un don Juan de Mañara, quédese usted en España. Ahí puede que haga usted alguna conquista; pero aquí no haría usted ninguna. Un don Juan en Múnich yo me lo represento así como un gran pianista tocando en una pianola.

El español recién llegado a París mira a las mujeres como un hambriento de siete días miraría los platos en un banquete espléndido. Los ojos le brillan de deseo, y esto le proporciona grandes éxitos. Las francesas no le consideran hambriento, sino *passionné*; se creen que es una cuestión de temperamento lo que es una simple cuestión de necesidad, y el español les gusta muchas veces. Pues ese mismo español, en Múnich, haría un papel ridículo. Nadie comprendería que le diese tanta importancia a una cosa que no tiene aquí importancia ninguna. Poner los ojos en blanco y morderse los labios ante una mujer sería aquí como poner los ojos en blanco y morderse los labios ante un *bock* o ante un cigarrillo. Al que lo hiciera le tomarían por un loco o por un imbécil.

Moral por moral, yo prefiero la española a la de Múnich. En España se pasará uno tres años sin hablar más que con amigos;

pero, en cambio, cuando uno se echa una novia, aquello tiene sabor y pasión, interés y alma. Cazando mujeres se puede decir en España lo de aquel baturro que quería cazar truchas a garrotazos.

—Pescaré pocas; pero ¡a la que caiga!...

La moral española es pura. La de París tiene un punto de corrupción, así como el que hay que darles a las perdices para que sepan bien. Aquí no hay corrupción ni moral; no hay vicio ni virtud. Es decir, aquí hay gente honestísima, ¡qué duda cabe!; pero no hay virtud en oposición al vicio, porque esta facilidad de relación entre hombres y mujeres no tiene, como he dicho antes, nada de vicio. Aquí hay salud, alegría y un carácter muy bondadoso que se aviene a todo.

Si vinieran muchos estudiantes españoles a Múnich, esas novelas abominables de Felipe Trigo y sus discípulos comenzarían a no venderse, lo que no dejaría de resultar beneficioso para nuestra cultura.

Candelas en Múnich

En el café Luitpold hay una camarera a la que se le pregunta:

—¿Se jama mucho?

—Se jama todo lo que se puede —contesta.

Otra camarera, en el café Rathaus, sabe decir «¡Vaya *cardo*!» y «¡Vaya *caló*!». Uno se acuerda de la patria ausente, es decir, de la cervecería de Candelas, y ya no sale uno del Rathaus ni del Luitpold. Múnich es como una inmensa cervecería de Candelas, donde no hay más que camareras y estudiantes. Las camareras no sólo se dejan pellizcar, sino que parece que se ofenden cuando uno no las pellizca. Le consideran a uno un hombre muy orgulloso. Hay que darles alguna palmadita de vez en cuando, y los españoles lo hacen con una gran convicción.

Las camareras les sirven para ensayarse en el arte de seducir alemanas. Luego, hay algunos que se lanzan hasta emprender la conquista de su patrona. Otros se quedan con las camareras y con Kant, *La razón pura* y los pechos enormes, en donde los futuros chicos muniqueses chuparán su primera cerveza. La chica del «¡Vaya *caló*!» me dijo que había aprendido esta frase de un estudiante de Filosofía que sabía mucho.

—¿Cómo se llamaba? –la pregunté yo.

—No sé cómo se llamaba; era un catalán.

¡Un catalán diciendo en Múnich «¡Vaya *caló*!»... ¡Cualquier día se hubiera atrevido a decirlo en Candelas! Pero ésta es la ventaja de Múnich, considerado como cervecería de camareras: que aquí todos podemos ser un poco andaluces: los catalanes y los gallegos, los vascos y los aragoneses; con estas camareras realizamos nuestros primeros ensayos de flamenquismo para cuando volvamos a España. Alemania hace serios a los andaluces, que vuelven a España hablando con una pedantería insoportable, y hace insoportables al resto de los españoles. Al tiempo de enseñarle a decir «¡Vaya *caló*!» a una camarera muniquesa, lo aprende uno mismo. Lo malo es que de vuelta en España, es probable que ya no se diga ahí «¡Vaya *caló*»!, y entonces los tres o cuatro años de estudios alemanes resultarán un trabajo inútil.

Por lo demás, las camareras de Múnich son muy simpáticas. La Fany, del Luitpold, que sirve a los españoles desde que el primer español cayó en Múnich, es verdaderamente maternal. Gran parte de la joven España se ha desarrollado a sus pechos, así como dos o tres juventudes más, igualmente kantianas: la joven Herzegovina, que se reunió durante muchos años en su turno, y la joven Persia, si mal no recuerdo.

En mangas de camisa

Ya he dicho que aquí, si no acaricia uno a las camareras, las camareras le toman a uno por un hombre orgulloso y le sirven mal. En Múnich hay que ser llano y demócrata. Hay que vivir en mangas de camisa. Un hombre que se preocupe mucho de su corbata o que no tenga algunos lamparones en su chaqueta, pasará por un hombre orgulloso y no se hará simpático en Múnich. Un hombre que no coma salchichas y que no beba la cerveza por litros, tampoco suscitará aquí grandes simpatías.

—¿Ha visto usted qué orgulloso? –exclamará la gente–. Dice que no le gustan las salchichas...

Es preciso que le gusten a uno las salchichas, la cerveza y las camareras. El perfecto muniqués acaricia a todas las camareras con una mano enorme y democrática. Al salir de su casa hecha un gran párrafo con la portera. Luego detiene a las barrenderas y les habla familiarmente, porque Múnich es una inmensa familia.

—Aquí –dice el perfecto muniqués a continuación de un eructo– tenemos unas costumbres patriarcales.

De los prusianos, los muniqueses dicen que son «orgullosos como españoles». Sin embargo, los prusianos también eructan, aunque, por regla general, lo hacen de una manera más presuntuosa que los muniqueses.

Yo no creo que el orgullo prusiano se parezca en nada al orgullo español. Un prusiano es orgulloso en cuanto tiene dos reales o en cuanto se pone un uniforme. Un español, en cambio, es orgulloso en cuanto se queda sin una gorda. Es entonces cuando se le desarrolla al español ese orgullo heroico y suicida que hacía la admiración de Borrow[4].

—¿Se va a creer ese tío que porque estoy sin dinero le voy a aceptar una comida? —dice el español—. ¡Nunca!

Si le ofrecen un empleo, lo rechaza indignado:

—Pero ¿es que por haberme quedado sin una mota voy a ponerme a trabajar como un cualquiera?

En cambio, un duque español, un descendiente de Gonzalo de Córdoba, no tiene inconveniente alguno en hablarse de tú con el mozo de estoques de un torero. Bien es verdad que tampoco el mozo de estoques lo tiene en tutearse con el duque.

El orgullo español es lo único que nos queda de nuestra grandeza. Lo hemos perdido todo, y sólo conservamos el orgullo, lo cual es, a la vez, ridículo y admirable.

---

4. George Henry Borrow (1803-1881) fue un escritor y filólogo inglés, famoso por sus viajes por Europa como comisionado de la Sociedad Bíblica de Londres para difundir la versión protestante de la biblia. Su libro más conocido —en el que cuenta su experiencia durante un viaje por España entre 1835 y 1840— es *The Bible in Spain, or the Journey, Adventures, and Imprisonment of an Englishman in an Attempt to Circulate the Scriptures in the Peninsula* (1843), y ha sido reeditado recientemente por esta misma editorial: *La Biblia en España*, Traducción de Manuel Azaña, Introducción de Alberto González Troyano, Renacimiento, Colección «Los viajeros», Sevilla, 2011.

Pero en Múnich no admiten orgullo ninguno; aquí todos somos unos. Vivimos en mangas de camisa, como quien dice. Nadie se cohíbe aquí delante de nadie. Un muniqués, hinchado de cerveza, se suelta la presilla del pantalón delante de usted, da un suspiro de satisfacción que parece otra cosa, y exclama:

—Como usted ve, nosotros somos mucho más sencillos que los prusianos...

Al alcance de todos

Cada día, millares de personas visitan en Múnich la vieja y la nueva pinacoteca, la Glyptothek y otras tres o cuatro colecciones artísticas. Luego, en las mesas redondas, ante una comida abominable, estas personas, de procedencia completamente heterogénea, comienzan a cambiar impresiones. Una inglesa elogia un cuadro que representa a un hombre vestido de frac, deteniendo un automóvil para una señora muy elegante; otro se ha fijado en un interior, y dice que las cortinas de las ventanas parecían verdaderas. Una vieja de Cincinnati o de San Francisco se ha fijado especialmente en un estudio de naturaleza muerta, donde había unos melocotones que daban ganas de comérselos. Otra señora, tal vez una austríaca, elogia un cuadro con niños jugando sobre la arena:

—¡Estaban tan limpios los angelitos, tan bien peinados!...

Dos o tres días después, estos millares de personas se van. Unas visitan otros Museos en otras ciudades; otras regresan a sus pueblos y cuentan lo que han visto. Y poco a poco, gracias al turismo, el arte va convirtiéndose en una cosa así como las enaguas o los sombreros de mujer. Se habla de la vieja pinacoteca de Múnich como se habla de las Galerías Lafayette de París.

—Aquella blusa es preciosa.

—Pues ¿y aquel cuadro de comedor?

Luego viene la moda. Las personas elegantes que han viajado mucho, dicen:

—¿Velázquez? ¡Pchs! Ahora lo que priva son los Grecos.

Y a esto se llama poner el arte a la altura de todas las inteligencias. La mayoría de estas viejas que hablan de cuadros se han formado su concepto de la belleza comprando blusas y plumas, y ni en eso han sabido elegir. Yo no sé por qué en los viajes circulares ha de ser una cosa obligada la visita a los Museos. ¿Es que al que hace una excursión de siete días por Alemania le obligan a estudiar la filosofía de Cohen? ¿Por qué han de obligarle a ver las pinacotecas de Múnich? Que vea los paisajes, que vea los lagos y las montañas; que coma, que respire y que se vaya a su pueblo.

—¿Le gustan a usted los Museos? –me han preguntado a mí en la mesa redonda.

Yo he dicho que no, y una serie de cacatúas que había allí me han mirado horrorizadas, como a un filisteo. A ellas no les he dado explicación alguna; pero, realmente, los Museos no me gustan. Todos esos amasijos de cuadros gloriosos me producen una gran depresión. Me parece como si los cuadros pudieran estar vivos y como si en los museos estuviesen muertos. Me repugna la promiscuidad que hay en los museos. Me repugna, sobre todo, eso de que el genio humano haya sido tan fecundo, que haya parido tantísimas obras maestras, y que yo, después de haber visto doscientas obras maestras, tenga todavía muchos cientos más de obras maestras que ver. Porque, en fin, las obras maestras no debieran aparecérsele a uno por centenares como patatas. Yo voy a los Museos por estudiar, pero no por gusto. Por gusto prefiero meterme en un café.

Los buenos alemanes

Yo soy de la provincia de Pontevedra, que, como saben ustedes, linda con Portugal. De chico, cuando yo me quejaba del frío y me arrimaba a la lumbre, una criada muy vieja que había en mi casa me decía que en Portugal cogían a los niños recién nacidos y los dejaban veinticuatro horas sobre el tejado para que se hiciesen fuertes. Cuando moría alguno, los padres se consolaban con esta reflexión:

—Al fin y al cabo, el chico iba a ser un mal portugués...

Yo no sé si a los alemanes recién nacidos los ponen también sobre los tejados; pero, cuando son grandes, todo el mundo puede verlos en las playas sin más vestimenta que un exiguo taparrabos, tomando baños de sol para robustecerse. La piel se les pone roja y fuerte. Parecen enormes cangrejos cocidos. Así es como se hacen aquí los buenos alemanes. Para ser un buen alemán hay que ser un poco portugués, con mucha apariencia muscular y con una facilidad grande de adquirir expresiones enérgicas. A los soldados alemanes, como a los portugueses, se les enseña eso de ponerle cara feroz al enemigo. ¡Hay que oír a un oficial alemán cuando dice: *Rrrrrrchts rrrrrr*!... Lo menos se figura que ese *rrrrrr* va a explotar en medio del enemigo y va a hacerlo polvo. El tambor ataca su parche con un gesto espantoso, como si estuviera hecho de piel de francés o de inglés. Los soldados levantan una pierna tras otra, sin genuflexión alguna, como si cada pierna fuera de una sola pieza, y las golpean luego contra el suelo, donde los enormes zapatones alemanes hacen un ruido furibundo: Pan, pan, pan, pan... Allá va el regimiento. ¡Lo que se va a asustar el enemigo al ver esas caras tan duras, esos ojos tan hoscos, esos zapatones tan grandes!

¿No hay mucho de portugués en esto? Sí lo hay –por lo menos en el concepto convencional que nosotros tenemos del portuguesismo–, y no en esto solamente. Alemania es algo así como un Portugal completamente *réussi.* El mismo idioma alemán es una especie de portugués. ¿Qué más da llamarles a los ojales las «casas de los botones» que llamarles a los guantes los «zapatos de las manos» *–Handschuhe–,* o al ascensor la «silla para *viajar*» *–Fahrsthul–,* o a las cerillas de madera los «palos que se encienden» *–Zündhölzer–*. La inmensa mayoría de las palabras alemanas están hechas de una manera completamente aparatosa y portuguesa. Las raíces son distintas, pero el espíritu es igual.

¿Y las estatuas? Todas las casas alemanas están cargadas de estatuas enormes, estatuas de atletas mitológicos y modernos, en las que no hay nada más que músculos. Yo conozco un restaurante lleno de Hércules y de Atlantes y de gigantes de los Nibelungos, donde se come por un marco veinticinco. Parece como si se le quisiera dar a uno la idea de que la vida alemana es terrible y de que, para sostenerse en ella, es preciso sacar unos bíceps formidables; y, total, ya les he dicho a ustedes el precio del cubierto: 1,25 marcos. ¿Es que vale la pena de ser un coloso en un país donde se come por seis o siete reales? Y estos tinteros, que afectan la forma de dragones; estos ceniceros, que tienen un aspecto pesadísimo, como ceniceros de gigantes, y que luego resultan huecos y no pesan nada, ¿qué es todo esto sino portuguesismo puro? ¿Y los títulos? Vean ustedes éste: *Staatsschuldentilgungstureannaansgeherswitwe.* Este título significa «Viuda del cobrador de la oficina de amortización de la Deuda pública». ¿Y eso de que en el café al «botones» se le llame camarero, y al camarero camarero superior, y al camarero superior señor camarero superior? ¿Y la obsesión del uniforme?

Si Portugal triunfara y extendiera sus dominios, vendría a ser en el sur de Europa lo que es Alemania en el centro. Alemania es un Portugal triunfante, y sólo por eso de triunfante es por lo que no nos hace gracia ninguna.

La levita de «*Herr Direktor*»

En el café adonde tengo costumbre de ir hay una levita que forma parte del mobiliario. Es la levita del *Herr Direktor.* Cuando el *Herr Direktor* sale de paseo, el portero se introduce respetuosamente dentro de la levita, y asciende de categoría. Es un *Herr Direktor* a su vez, y como aquí los títulos se extienden a toda la familia, su mujer y su hija son, durante algunas horas, *Frau Direktor y Fräulein Direktor.* Parece como si ellas se hubieran metido también dentro de la augusta levita directorial. ¡Levita venerable y magnánima! Los directores pasan por ella y ella permanece. Unos son demasiado gordos, como el actual director efectivo, y no pueden abrocharla; otros, como el portero que se la ha puesto ayer, son excesivamente flacos para ella, y dan la impresión de que van a ahogarse en la levita como en un mar de gloria. Pero no juzguemos superficialmente. El que una levita no le siente bien a un hombre no quiere decir nada en contra de ella. Son los hombres los imperfectos y los que están mal cortados.

Aquí, en Alemania, no se cortan las levitas para los hombres, sino los hombres para las levitas.

—Ya ve usted –me decía ayer el portero de mi café habitual–. Si yo tuviera un cuerpo a propósito para la levita, ascendería en seguida a director efectivo. Desgraciadamente, estoy demasiado flaco, y tendré que esperar un año, por lo menos, a ver si engordo.

Porque la levita no es elástica. Tiene toda la rigidez del cargo que representa. Se puede manchar y puede palidecer, pero no estira ni encoge. Hay que ganarla, que adquirir el volumen necesario para llevarla con cierta dignidad. El título de *Herr Direktor* del café adonde yo tengo costumbre de ir, no se le atribuye, en realidad, a hombre alguno, sino que es el título de la levita. Al meterse en la levita un portero cualquiera, es como si se metiera dentro del título. Los parroquianos no le llaman director a él, sino a la levita. El parroquiano necesita a veces hablar con la levita del establecimiento, y el director, efectivo o accidental, no es nunca nada más que el cuerpo de la levita. Él le presta a la levita sus piernas para que la levita pueda ir de mesa en mesa; su voz, para que la levita hable, y su sonrisa, para que la levita se congracie con el parroquiano: una sonrisa superior, por lo demás, como debe ser la sonrisa de toda levita alemana.

¡Ah, la levita! Ustedes no saben la importancia que tiene una levita en Alemania. ¡Los hombres la llevan con un respeto, con una unción, con una humildad!... A veces parece como si le dijeran a uno:

—Yo soy un imbécil, ya lo sé; pero ¡respete usted esta levita, a la cual me pertenezco! Lo que no haga usted por mí, hágalo por la levita.

Las ideas alemanas

Die alten Deutschen tranken immer noch einen Schoppen vor dem letzten (los antiguos germanos bebían siempre un vaso antes del último). Esto hacían los antiguos germanos. Los modernos hacen lo mismo que los antiguos. Beben como unos tudescos. Comen cerdo, cochinillos, salchichas, coles fermentadas, y beben. Alemania a mí me da la idea de algo así como una digestión muy laboriosa. Aquí parece que todo está digiriéndose difícilmente: las ideas igual que las comidas. Las ideas alemanas son también así como de carne de cerdo. Su digestión entorpece el cerebro, y ambas digestiones, la intelectual y la de la comida, explican toda la pesadez, toda la lentitud alemanas.

Dice Julio Huret que la juventud de Alemania emplea en comer y beber sus fuerzas superfluas, mientras que la juventud francesa las dilapida en el amor físico precoz. Esto es bastante exacto, y a mí me lleva a pensar en España. Porque en España, ni hay amor físico, como en Francia, ni hay comida y bebida, como en Alemania, ni hay *sport,* como en Inglaterra. No hay nada; así es que la juventud española se ve obligada a darse de puñaladas y a tirarse tiros constantemente.

El crimen es la única válvula de seguridad para nuestro sobrante de energías. ¡Y hay algunos jueces que lo castigan!

Menos mal que ahora comienzan a introducirse en España algunas ideas alemanas. Mientras la juventud española emplee sus fuerzas en digerirlas, no tirará tiros ni dará puñaladas. A falta de amor físico y de alimentos abundantes, las ideas alemanas nos serán muy útiles.

La comida municipal

El *Rathausrestaurant* es el *restaurant* del Ayuntamiento de Múnich. En este Ayuntamiento no sólo comen carne los concejales, como en los Ayuntamientos de España, sino que puede comerla todo el mundo. Yo he ido a comer el otro día la comida municipal. Influido por una serie de prejuicios españoles, creí que me iban a servir ladrillos a la *jardínière, vol-au-vents* de cemento armado, perdices asfaltadas y carne de contribuyente. Nada de esto. En el Ayuntamiento de Múnich no hay tanto apetito como en los Ayuntamientos españoles. Se come mal, pero honradamente. La *Sauerkraut* es como la de todos los otros *restaurants,* y carece en absoluto de sabor político. Uno puede pedir un bistec en el Ayuntamiento de Múnich, sin temor de que este bistec sea un bistec de ciudadano. Lo que ya no aseguro es que sea de buey precisamente.

El vulgo es «municipal y espeso». Las camareras son bastante agradables. A mí me sirvió una señorita Dora, realmente bonita. Quise decirle que su mirada era *edílica;* pero no encontré en alemán la palabra adecuada.

—Esta Dora —dijo un amigo— no parece nada municipal.

—La que parece municipal es aquélla —exclamó otro, señalando una especie de guardia que se veía a lo lejos.

La comida nos salió a unos cuatro marcos por cabeza, incluida la propina, que se debe dar en todas partes, y, sobre todo, en los Ayuntamientos. No fue caro. Bien es verdad que no nos dieron a comer ninguna calle, ni siquiera un edificio público; pero tampoco se puede afirmar que hayamos comido mal.

—A mí —decía luego alguien— me gustan mucho estos Ayuntamientos con camareras.

En todo caso, los Ayuntamientos con camareras no perjudican al público. Si son inmorales, son la forma menos perniciosa de la inmoralidad municipal.

Los lagos de Múnich

Múnich está rodeado de lagos: el Starnbergsee, el Tägernsee, el Königlichsee... *See,* en alemán, quiere decir lago.

—¿No tienen ustedes ningún lago en Madrid? —le preguntaron aquí a un español.

—¡Ya lo creo que tenemos un lago: el *Retirensee!*

El lago de Tägern es delicioso. Es un lago pequeño y rodeado de altas montañas, a setecientos y pico de metros sobre el mar del Norte. En sus orillas hay una porción de pueblecitos, donde, durante el verano, se hace una vida completamente campesina. Muchachas distinguidísimas de Múnich se pasan el día allí vestidas de aldeanas, con unas faldas muy pintorescas y unos delantales muy monos, luciendo unas pantorrillas gordas y unos colores sanos, y atracándose de cerdo, de *Sauerkraut* y de pescado fresco, a la manera ambicionada por Eça de Queiroz, esto es, en perfecta inocencia de espíritu, como si todavía no se hubiese inventado la democracia ni la crítica. Sus padres, que han dejado en Múnich las levitas y las chisteras, van con sus calzones de cuero hasta medio muslo, luciendo unas piernas peludas, cómodos y sencillos, como trabajadores del campo. No hay en Tägernsee señoritas anémicas, ni pollos líquidos, ni mamás cursis, ni papás lamentables. No es tampoco aquello como uno de esos lugares de veraneo de Inglaterra, donde el campo está como peinado y lavado. Las gentes se saludan al tropezarse en el camino. Yo estuve allí un día, y todo el mundo me decía:

—*Grüss Gott* (Dios os bendiga).

—*Grüss Gott* –repetía yo.

—¿Es usted recién llegado?

—Sí.

En seguida se inicia una conversación y se entabla una amistad. El carácter bávaro es sencillo, abierto, bonachón, patriarcal; las muchachas no sólo tienen trajes aldeanos; su espíritu es aldeano también. Si a veces uno se propasa con ellas y ellas protestan, las mamás intervienen conciliadoras:

—¡Pero hijas! ¡Si todo es una broma!

Y estas mamás tan simpáticas no quieren casarlo a uno inmediatamente, como las mamás españolas. Quieren que sus chicas se diviertan, como se han divertido ellas, y que no tengan luego, en la vejez, que arrepentirse del tiempo perdido. Su moral es una moral admirable, de gentes sanas y bien alimentadas, que viven en contacto con una naturaleza generosa y que tienen algún dinero.

Todo está «verboten»

La primera palabra que se aprende en alemán es *verboten* (prohibido), que se pronuncia *ferboten.* Todo está *verboten* aquí, y no *verboten* de cualquier manera, sino *polizeilich verboten,* esto es, prohibido por la policía. Las muchachas mismas, si alguien se excede con ellas en un sitio público, dicen:

—Verboten.

No es que ellas protesten por su cuenta. Es que sus encantos están *verboten* por las autoridades locales. Cuando se las oprime un poco y ellas dicen *verboten,* parece así como si la policía les hubiese puesto una maquinaria dentro para que lo dijesen.

—Verboten.

—Polizeilich verboten?

—Jawohl.

Todo está *verboten* en Alemania. Todo está prohibido. ¿Qué pasaría si una noche se hicieran desaparecer todos los carteles que dicen *verboten,* y al día siguiente no hubiera en Alemania prohibición contra ninguna cosa? Yo quiero creer que no pasaría nada, que los hombres no ahumarían a las mujeres con el humo de sus cigarros, que no se gargajearía en los tranvías, que la gente no rompería las estatuas de los Museos, que no ocurriría caso alguno de violación en la vía pública. Pero si el alemán es un hombre educado y sociable, ¿por qué se deja llevar de una cadena, como un perro? Si los hombres aquí no son bestias feroces, si no son siquiera salvajes sanguinarios, ¿qué necesidad de hacerles ver a cada momento que no deben morder, ni matar, ni violar, ni comerse los unos a los otros?

Ya sé yo lo que dirá algún alemán: que esas prohibiciones rezan tan sólo con los extranjeros. Pues que pongan sobre la frontera un gran cartel que diga: *DEUTSCHLAND POLIZEILICH VERBOTEN*

Los pensionados en el extranjero

—La Junta de Pensiones –me decía un amigo– nos manda al extranjero sin preparación ninguna, y luego nosotros perdemos aquí un tiempo precioso.

Es cierto. Hay pensionados que tienen que ir a las academias de danza a aprender a bailar. ¿Por qué no se les enseñará a bailar en España? ¿Qué significaría en el presupuesto de la Junta el sueldo de unos cuantos maestros de baile? Los pensionados llegarían a Múnich, por ejemplo, y de la estación se irían directamente al Wagner, un *Tanzenlokal* que está muy bien. (Pronuncien ustedes Wagner tal como está escrito, con la *g* como una *g* y la *n* como una *n*, y no hagan ustedes lo que el doctor Pulido, que en Múnich, donde todo el mundo dice Wagner, ha dicho el otro día, leyendo un discurso, *Uáñer*). En el Wagner, bailando con las modistas y las camareras, los pensionados aprenderían muy pronto el idioma, y ya en posesión del idioma, podrían estudiar algo.

Otra cosa que podría hacer la Junta de Pensiones es proveer de levitas a sus favorecidos en Alemania. Aquí ha habido un catedrático español que decía:

—Es carísima la vida alemana. En la Junta no se dan cuenta de los gastos que tiene uno. Claro, que la comida y la habitación cuestan poco; pero como yo soy un hombre de sociedad, pues casi todos los días tengo que alquilarme una levita.

—¿Y qué? ¿Le va a usted bien la levita?

—A veces, sí.

La mayoría de los pensionados llegan al extranjero completamente desorientados, sin saber dónde tienen que estudiar, ni nada. ¿Por qué no se les hará un plan en Madrid? ¿Por qué no se les dirá, verbigracia, que en Alemania no se dediquen a las ayudantas de las camareras? Las ayudantas de las camareras, en efecto, que trabajan ferozmente y que sólo duermen cinco horas diarias, en cuanto se sientan en un banco o se dejan caer sobre la hierba, se quedan dormidas como troncos, y el pensionado, que se dispone a hacer la escena del sofá o una escena bucólica, oye los ronquidos y se encuentra en ridículo.

La Junta de Pensiones tiene que hacer una oficina de información previa para sus enviados al extranjero. Que el que vaya a París, a Londres, a Berlín o adonde sea, sepa desenvolverse al llegar, y no tenga que poner anuncio ninguno en el periódico para que le contesten doce viejas absurdas.

La montaña y la ciudad

Yo he calumniado muchas veces a la montaña, como he calumniado tantas otras cosas. ¿Qué va a hacer el pobre periodista, obligado a poner un poco de amenidad en la vida de sus lectores, como no sea calumniar? A pesar de todo cuanto se diga, la realidad nos ofrece muy pocos canallas, muy pocos bandidos, muy pocos tipos originales y pintorescos que se salgan de la moral común y del orden establecido. Hay, pues, que inventarlos o exagerarlos, y esto es la calumnia.

Yo he calumniado a la montaña, y he dicho que el aire más sano del mundo, el más tónico y el más aperitivo es el de las reuniones literarias que se celebran en los cafés de Madrid. Lo de aperitivo lo sostengo todavía. Ríanse ustedes del ajenjo, del *quinquina* y del *amer* Picón, del Mont Blanc y de la *Jungfrau*. Para abrir el apetito no hay como una reunión literaria española. Todas las caras expresan allí el deseo de comer muchos bistecs con patatas. Uno entra en una de esas reuniones, e inmediatamente se le desarrolla un hambre feroz.

Pero, en general, todo lo que yo dije de la montaña es falso. Yo me arrepiento de ello, porque me he convencido de que no hay que hacer humorismo contra la montaña, sino contra la ciudad. En España, sobre todo, donde tenemos unas montañas soberbias y unas ciudades ridículas, burlarse de la montaña es idiota.

Aquí, al pie de los Alpes Bávaros, que se elevan a cerca de 3.000 metros sobre la política y la literatura, uno se siente más sano, más honrado y más generoso que en el llano. Uno recuerda a los amigos que se han quedado en la ciudad con un desprecio compasivo, así como el señor Lerroux, por ejemplo, que también ha sido calumniado, al igual de la montaña, debe de recordar a sus amigos de la infancia, pobres gentes que permanecen en el pueblo mientras él ha subido tanto. Y, en realidad, las montañas no sólo tienen altura material, sino también altura moral, y un montañés que vive en contacto con la Naturaleza es indudable que está a una gran altura sobre los abogados, los periodistas, los mozos de café, los taberneros, los ateneístas y demás gentes de la urbe despreciable.

Un hombre desgraciado

Un día, a la hora de la misa, apareció un extranjero en la iglesia de Partenkirchen. Al verlo, las gentes no pudieron contener la risa. ¿Qué tenía de raro aquel extranjero? Pues aquel extranjero tenía de raro el no tener *Kropf*; es decir, el no tener un bocio. Con un bocio, con un modesto bocio de medio kilo por lo menos, hubiera sido un hombre completamente normal; pero no tenía bocio ninguno, y su cuello, falto de esta protuberancia, que es indispensable en el Tirol, produjo en Partenkirchen un efecto muy cómico.

Dans le pays des bossus
Il faut l'être ou le paraître.
Dans le pays des bossus
Les dos plats son très mal vus.

La gente se rió tanto, que el cura, hombre de inteligencia cultivada, tuvo que intervenir.

—Hijos míos –les dijo a los feligreses–, vosotros, que habéis nacido al pie de la montaña, obra suprema del Divino Hacedor, sois unas almas ingenuas y bondadosas, y yo no acierto a comprender cómo podéis reíros del extranjero que acaba de entrar en esta santa iglesia. Ese extranjero carece de *Kropf*; pero esto no constituye un motivo de burla. No hay que burlarse nunca de la desgracia ajena...

Esto ocurrió un día en Partenkirchen, según me ha contado una criada del hotel, muchacha muy abundante en carnes y en bocio. Unos dicen que el bocio procede de las aguas puras de la montaña; otros aseguran que se adquiere por contagio personal. Las muchachas lo cubren, coquetonamente, como un seno más. En el Tirol, el bocio femenino está considerado como un encanto. Hay quien ama los bocios pequeños y duros, y hay quien los prefiere muy desarrollados; pero ninguna chica se atrevería a salir sin bocio. Si alguna carece realmente de él, yo creo que es capaz de ponérselo postizo.

Yo vine a Partenkirchen en un tren algo tartarinesco. Todo el mundo traía su *Alpenstock*, sus botas de montaña, con las suelas llenas de pinchos, y su *Rücksack*, que es un morral donde va todo: cuerdas para atarse en los pasos difíciles de la montaña, salchichas, queso, pan negro. Camino de la montaña, el público despide un olor nauseabundo, que procede, según me han explicado, de una grasa especial con que los alpinistas impermeabilizan sus botas. De vuelta de la montaña, sigue notándose en el tren olor de grasa; pero esta grasa no es ya la grasa exterior de las botas, sino la propia grasa del alpinista, que está como para que lo cojan con una grúa y lo sumerjan en un estanque.

Partenkirchen vive de la montaña. Aquí se ve al bávaro tal como es: enorme, bondadoso, patriarcal y decorativo. Sobre todo, decorativo. Al pie de estas casas aldeanas, tan limpias, tan bonitas y tan alegres, cuyos colores armonizan siempre con el paisaje, sentados en unos bancos de madera o de piedra, suele verse a unos bávaros muy serios, con sus pantalones de cuero hasta medio muslo y sus chaquetillas verdes, sobre las que flotan sus barbas en abanico, fumando sus enormes pipas bávaras. Están inmóviles y silenciosos. Parece como si la Comisión Estética Municipal de Múnich les hubiera prohibido todo movimiento.

¿Qué hacen esos bávaros, a más de su función ornamental?, se pregunta uno.

Las muchachas, con su pelo en trenzas, un corpiño azul y una falda corta, de colores puros, están preciosas. «Si yo amo alguna vez a una bávara –piensa el viajero de buen gusto–, la amaré vestida de aldeana». El traje de aldeana es el traje propio de estas muchachas, que tienen el alma sencilla y las carnes abundantes. Con ese traje, hasta el bocio resulta tentador.

Los bávaros son gente del campo. Señoritas de Múnich, que vestidas a la última moda de la ciudad parecen muy mal, cuando se visten de aldeanas para salir al campo resultan deliciosas; el estilo bávaro, que hace muchas veces un efecto deplorable en las construcciones muniquesas, le encanta a uno cuando lo ve en las estaciones rurales o en las villas campesinas. El bávaro es todavía, afortunadamente para él, un hombre de campo y de montaña, y cuando se habla con un bávaro, con uno de estos bávaros enormes, bonachones y solemnes, parece algo así como si se hablara con la montaña misma.

Las fiestas de octubre

Ha comenzado la *Oktober-Fest* (Fiesta de Octubre, que diría a continuación el señor Murúa). Dentro de nueve meses, la población aumentará en Múnich de un modo formidable.

Se celebra en la Theresien-Wisse, una gran pradera donde hay tiovivos y cinematógrafos, toboganes y casas encantadas, adivinadoras del porvenir, hombres-cañón, hermanas siamesas, mujeres bicéfalas, acuarios vivientes, fieras del desierto, montañas rusas, bailes, laberintos, tiro al blanco, pimpampunes y demás cosas nunca vistas. Las fábricas de cerveza construyen en la Theresien edificios enormes. Estos edificios, que sólo van a durar quince días, cuestan de cincuenta a sesenta mil marcos cada uno, y el local que ocupan paga una renta diaria de quinientos marcos por término medio. La Pschorrbrau, la Hofbrau, la Augstinenbrau, la Spatenbrau, la Burgenbrau, la Wagnerbrau, la Löwenbrau, todas tienen pabellón en la pradera. Imagínese el lector lo que se debe comer y beber en esos pabellones nada más que para que sus dueños cubran gastos. Con lo que se come en Múnich durante la *Oktober-Fest* se podría depauperizar a media España. En la calle hay barracas muy limpias, donde se asan pollos y salchichas. En una asan bueyes enteros. Los muniqueses suelen comprar su comida en estas barracas y comérsela en las cervecerías, regándola con sucesivos litros de cerveza. Las mesas de las cervecerías son enormes, pantagruélicas y democráticas. En torno de ellas no hay más que amigos. Uno le pide al vecino un cuchillo bávaro para descuartizar su pollo; otro, que ha comido su pollo con los dedos, toma de la muchacha de al lado un pañuelo, para limpiarse. Todo el mundo se habla de tú. Las camareras solicitan de uno un trozo de salchicha y un trago de cerveza, que beben en la misma *Mass* de los clientes, y, con la mano grasienta, el cliente acaricia las carnes abundantes de la camarera. Luego, en el tiovivo, cabalgando sobre unos cerdos de madera, sonrosados como los amores, con los frescos labios tal vez untados todavía de salchicha, las chicas se dejan besar y abrazar alegremente.

Yo ya sé que, si ustedes padecen del estómago, esta descripción les producirá cierta repugnancia; tanto peor para ustedes. Los bávaros no padecen del estómago. No son gente fina ni melindrosa. Son sanos, enormes, sensuales y democráticos. La *Oktober-Fest* es, ante todo, una fiesta de democracia: las criadas, vestidas de señoritas, con unas blusas descotadas y unos sombreros enormes, le preguntan al amo:

—¿No es verdad que estoy elegante?

Y el amo se extasía contemplando a la maritornes. Luego, en la fiesta, la maritornes no es extraño que coincida en la mesa con su señorita, ni tampoco que esté más elegante que ella; pero la señorita no se denigra y la criada no se cohíbe. Los hombres se pasan sus novias unos a otros. Uno le quita la novia a un estudiante; luego viene un oficial y se la quita a uno. ¡Qué se va a hacer! No tardará en venir un hortera que se la quite al oficial. Y la cerveza corre, y los cerditos de madera galopan cargados de jóvenes parejas al son de los valses vieneses, y las bandejas vuelan llenas de pollos, de cerdo, de salchichas y de coles, y la grasa se derrama, y un oso, con unas *pleureusses* en la cabeza, baila un baile bávaro.

Durante estos días, las casas de préstamos se inundan de trajes, de alhajas, de colchones y de ropas de cama. Y la *Oktober-Fest* no es más que una de las muchas fiestas muniquesas. En el invierno, al final de no sé qué fiesta, la fuente de la Marienplatz, que durante esa época no funciona, es puesta en movimiento para que los muniqueses vayan allí a lavar en el chorro sus portamonedas exhaustos.

TERCERA PARTE

OTRA VEZ CON LOS PRUSIANOS

«Himmelfahrt»

La Ascensión del Señor se llama en alemán *Himmelfahrt*. *Himmel* quiere decir cielo, y *Fahrt* quiere decir excursión, viaje, travesía. *Himmelfahrt* significa, por lo tanto, excursión al cielo, viaje o travesía a las regiones celestes.

Pero el verbo *fahren*, de donde se deriva el substantivo *Fahrt*, carece de equivalencia en castellano. *Fahren* es ir de un lado a otro; pero ir en coche, en tren, en automóvil, en tranvía, en aeroplano, en dirigible, en barco, en un carrito de mano, en cualquier cosa, en fin, que constituya un vehículo. Lo otro es ir o andar. Así, cuando se le pregunta a un alemán si va al café, es frecuente oírle responder que no, que no va al café, con lo cual uno cree que se queda en casa, hasta que el alemán añade que *fahra* al café; esto es, que va al café, utilizando un medio de locomoción.

La diferencia que hay entre el verbo *fahren* y el verbo ir se establece de una manera clarísima en esta pregunta, que es muy corriente.

—*Gehen wir oder fahren wir?* (¿Vámonos o *fahramos*?)

Ahora bien. En alemán no se le hubiera podido llamar a la Ascensión del Señor *Himmelgang* o ida al cielo, porque Jesucristo no se ha ido al cielo andando. Tampoco se le hubiera podido llamar vuelo. En nuestros idiomas se puede volar con alas o sin ellas; en alemán, donde todo es lógico, el verbo volar –*fliegen*– se deriva del substantivo *Flügel* –ala–, y Jesucristo no tenía alas. ¿Cómo nombrar, pues, la Ascensión del Señor? La misma palabra ascender no puede separarse en alemán de los aparatos mecánicos que sirven para hacer ascensiones, de tal modo, que el ascensor se denomina aquí *Fahrstuhl* o silla para *fahrar*.

Y he aquí por dónde ha surgido eso del *Himmelfahrt*. Cristo no ha podido irse al cielo andando, nadando ni agitando unas alas en el aire. Así, pues, ha tenido que *fahrar*. Es la lógica del alemán, un idioma muy exacto para los hombres de ciencia; pero en el que no puede expresarse ningún milagro.

Y la palabra *Himmelfahrt* resulta francamente herética, porque uno no puede oírla sin imaginarse a Nuestro Señor Jesucristo haciendo cola ante una taquilla y pidiendo luego un billete de tercera para el cielo.

El pie alemán se transforma

Se está iniciando en Alemania lo que pudiéramos llamar la cultura del pie. Hasta hace cosa de algunos años los alemanes no habían considerado sus pies más que como bases de sustentación. Se habían preocupado de que fueran grandes, sólidos, pesados; pero no de que fueran elegantes ni bonitos. Un alemán sobre sus dos pies producía el efecto de algo sobrenatural e inmueble. Una noche, subiendo con un amigo al tercer piso del hotel donde habitábamos ambos, en París, el amigo me señaló una habitación, y me dijo que allí vivía un alemán.

—¿Lo conoce usted? –le pregunté.

—No lo conozco. Ya sabe usted que esta tarde la habitación estaba vacía; pero basta ver las botas que hay a la puerta. Me apuesto cinco francos a que son de un alemán.

Yo acepté la apuesta y perdí los cinco francos. Las botas no le habrían costado a su dueño mucho más...

Cuando los alemanes usaban estas botas enormes y bastas, estaban en moda unos pantalones muy estrechos, que se ceñían a la pantorrilla y al tobillo, como si fueran medias. El procedimiento empleado por los alemanes para ponerse aquellos pantalones, haciendo pasar sus pies por dentro de ellos es un problema que ha preocupado a muchísimos extranjeros. La solución todavía no la ha encontrado nadie.

Heine quiso escribir en sus buenos tiempos toda una disertación sobre los pies de las damas de Gotinga. «A este efecto —decía en sus *Reisebilder*—, he seguido durante un año un curso de anatomía comparada; he compulsado y anotado las obras más raras de la biblioteca y he estudiado horas y horas los pies de las mujeres que pasaban por la calle de Weend». «En la sabia disertación que contendrá el resultado de estos estudios —añade—, yo hablo: primero, de los pies en general; segundo, de los pies en la antigüedad; tercero, de los pies de los elefantes; cuarto, de los pies de las damas de Gotinga; quinto, yo recapitulo todo lo que se ha dicho acerca de los pies en la taberna de Ubrie; sexto, considero estos pies en todas sus relaciones, y me extiendo además sobre la pantorrilla, la rótula, etcétera, y, en fin, séptimo, si logro encontrar papel de un formato bastante grande, agregaré a mi opúsculo algunas litografías con el facsímile de los pies de las gotinguesas más distinguidas».

El pie alemán tiene cinco dedos, como el pie español; pero cinco dedos alemanes, decorados generalmente con callos y ojos de gallo, que aquí se llaman ojos de gallina. De estos dedos al calcañar, toda la enorme superficie de la planta del pie es plana. La planta del pie alemán no tiene curva ninguna. ¡Admirables bases de sustentación! ¡Instrumentos excelentes para pisotear al extranjero! Detrás de un batallón alemán que marca el paso en una carretera, la carretera va quedando perfectamente apisonada. ¡Y qué bien están los alemanes sobre sus pies! Esta gente, lenta y reposada, que no quiere dar brincos, que no quiere hacer cabriolas, que quiere pisar siempre sobre seguro y fijar en la tierra un pie que va a levantar en seguida con tanta solidez como si lo fijase para la eternidad; esta gente, ¡cómo se complementa con estos pies anchos, enormes, planos, definitivos!...

Pero ahora comienza en Alemania, como he dicho antes, la cultura del pie. Cada día hay más pedicuros en Berlín. Los alemanes se compran ya botas finas y pintureras. Primeramente, el calzado yanqui invadió Berlín, y los berlineses comenzaron a meter sus pies cuadrados dentro de esas botas anatómicas, que parecen modeladas por Rodín; botas en forma de media luna las unas, con un enorme promontorio en la punta las otras, y todas retorcidas, convulsas, casi epilépticas. El calzado yanqui fue un suplicio; pero fue también una elegancia en su época. Actualmente, se inicia la moda del calzado francés, más ponderado, más armónico que el yanqui, y una gran zapatería de París acaba de inaugurar una sucursal en Berlín.

¿Le llegará el turno al calzado español? Pintura y zapatería: he aquí dos cosas de que podemos presumir los españoles, dos artes en las que nadie nos gana. ¿Qué hacen los zapateros españoles que no mandan calzado a Berlín?

El cuello postizo

En París se ha constituido una Liga contra el cuello postizo. ¡Ah, Francia, cuna de todas las libertades, bendita seas! El cuello postizo es una de las tiranías más grandes de la edad moderna. Oprime las arterias, dificulta la circulación de la sangre, produce forúnculos y le quita al cuello humano toda su gracia natural. Parece exactamente un suplicio chino. Medio estrangulados por el cuello postizo, como por la mano de un despotismo invisible, ¿cómo nos atrevemos a hablar de libertad? ¿Qué hombre puede considerarse completamente libre hasta por la noche, cuando, en la soledad de su cuarto, se desprende del cuello postizo y lo lanza violentamente al cajón de la ropa sucia? De todas las sensaciones de liberación que a uno le sea dable experimentar, ninguna tan fuerte como ésta de quitarse el cuello almidonado que le agarrota.

¡Abajo el cuello postizo! ¡Abajo el almidón! Anatole France, a quien se trata de hacer presidente honorario de la Liga contra el cuello postizo, describe la sociedad futura como un mundo maravilloso donde nadie endurece con almidón la ropa blanca. En el año 2700, según Anatole France, sólo algunos negros salvajes persisten en el uso del cuello postizo. El cuello postizo se considera entonces como la supervivencia más típica de una edad bárbara.

¿Y los alemanes? Yo he hablado diferentes veces del amor de los alemanes por el almidón. La civilización alemana, toda de orden y de disciplina, podía representarse en una camisa muy almidonada, con un cuello casi férreo. Nada de espontaneidad en los movimientos, nada de gracia natural. Disciplina y almidón. Recién llegado a Alemania, cuando uno recibe las primeras camisas que le devuelve la lavandera, uno siente de golpe toda la rigidez, toda la inflexibilidad toda la dureza de esta civilización. Las blandas pecheras y los puños blandos, que le permitían antes a uno toda libertad de acción, han adquirido de pronto una solidez inquebrantable. Uno se mete en la camisa como pudiera meterse en una armadura.

Poco a poco va uno perdiendo sus actitudes características, su soltura, su personalidad. Se entabla una lucha terrible entre el extranjero y la camisa. La camisa, tan enérgica y poderosa, la irreductible camisa, es Alemania y el almidón es su espíritu.

El cuello postizo desaparecerá de Francia, de España, de Italia; pero los alemanes seguirán usándolo.

En el país de los letreros

Alemania es el país de los letreros. Bajo las llaves de la luz eléctrica suele haber unos letreros que dicen: «Luz»; los timbres tienen generalmente otros letreros donde se lee: «Timbre». Cuando los alemanes se apoderen de Inglaterra, irán poniéndoles letreros a todas las cosas, y, sólo después de haber etiquetado convenientemente los objetos y las personas, considerarán asegurada su dominación.

¿Las personas? Sí, señor, las personas. Claro que los alemanes no le ponen letreros a todo el mundo, aunque supongo que no será por falta de ganas; pero los funcionarios públicos, los empleados del Estado, esos casi todos llevan un letrerito en la gorra.

Muchas veces llevan letreros también los animales. En los caballos de acarreo suele ponerse una inscripción que dice: «¡Cuidado! Este caballo muerde».

En la mayoría de las plazas berlinesas existen unos grandes canastos de alambre, donde el transeúnte debe depositar los papeles o las cosas que le estorban, en vez de arrojarlos al suelo. Sobre cada canasto, un letrero indica su objeto, y complementando el letrero hay una flecha. Esta flecha enseña la dirección en que deben arrojarse las cosas para que caigan en el canasto, que está a los pies del transeúnte. Así, el transeúnte no lanza su *Berliner Tageblatt* o sus cáscaras de naranja hacia el cielo, como podría hacerlo de no existir la flecha, sino directamente hacia el canasto. Es de una claridad meridiana.

Otro letrero curioso es el de las grandes vidrieras de algunos cafés. Como estas vidrieras son transparentes, y al través de ellas se ve todo lo que hay del otro lado, la gente podría intentar atravesarlas, suponiendo que no existen. Un letrero providencial evita esta contingencia: «¡Atención! Vidrio!», reza el letrero. Yo creía al principio que el letrero en cuestión estaba dedicado a las moscas; pero siendo las moscas analfabetas, he llegado a deducir que es para la gente.

Estamos en el país de los letreros. Yo temo que el mejor día me pongan en la cabeza un letrero que diga: «¡Desconfiad! Periodista extranjero».

El pino y la palmera

Los periódicos cuentan el suicidio de una señora enamorada de un camarero italiano. Parece que lo conoció en uno de estos *restaurants* que los italianos fundan por todo el mundo. Su marido –¡incauto!– la había llevado a cenar allí. Le dio una cena de platos fuertes, platos de un sabor canalla, cargados de cebolla. Estos platos hinchan y enternecen; producen un estado de languidez sentimental, que se complementa con los aires de la orquesta.

Vorrei bacciare...

Se diría que también hay algo de cebolla en esta música. Con la cena, la señora bebió tal vez uno de estos vinos italianos de nombre sonoro: el *Lipsida*, el *Barollo*, el *Chianti...* En las cartas alemanas, estos vinos tienen siempre tres adjetivos antes del precio. Por ejemplo: «Fino, suave, perfumado, 6,50 marcos».

A los postres, con el vino, la cena y la música, el alma de la señora volaba bajo el cielo de Italia, en el país del arte y del amor, de las góndolas y de los tenores, del romanticismo y de los *spaghetti* al *pomodoro*. El camarero que la servía tenía un frac defectuoso; pero ¡qué ojos tan ardientes, qué pelo tan negro y tan rizado!

—*Bitte*. Un rompenueces. ¿Cómo se llama el rompenueces en italiano?

—*Schiaccianoci, gnädige Frau.*

—*Schiaccianoci!* ¡Qué dulce! ¡Qué armonioso!

Porque el italiano tiene eso. Es de una musicalidad deliciosa. Todo resulta tierno en italiano, hasta un rompenueces.

El caso es que la señora se enamoró del camarero. A la primera mirada que él le dirigió, ella se sintió comprendida por él. Su marido, que había estudiado tal vez filosofía en Marburgo, no había llegado a comprenderla nunca. Y he aquí que esta alma tan difícil y tan complicada de mujer se encuentra de pronto perfectamente comprendida por un camarero italiano que no ha hecho en toda su vida más que sacudir manteles y servir *ravioli*.

La señora se divorció, y se casó con el camarero. Al principio, aquello fue un idilio. Un idilio al *pomodoro* unas veces, con cebolla otras, con queso rallado... Pero aquel hombre del Sur resultó un sinvergüenza espantoso. Con su pelo negro y rizado, con sus ojos ardientes, con su hermosa voz de barítono y con un frac ya mucho más presentable, era, sin embargo, un perfecto bandido. En dos años la dejó sin un céntimo, sin una joya, sin nada. La pobre señora se ha matado disparándose un tiro en la cabeza.

Es una víctima del prestigio romántico de los países del Sur; una víctima de la cocina y de la música italianas; una víctima de los vinos meridionales.

Si el pino del Norte, que cantaba el poeta, pudiera casarse con la palmera de sus sueños, tendría un final muy parecido.

La calvicie alemana

«El setenta y cinco por ciento de los alemanes de treinta años –dice una estadística– son calvos». Muchos parece que nacen ya calvos y con gafas. En otros, el pelo vive *ce que vivent les roses*...

Hay calvas tersas, limpias, relucientes como cascos bruñidos; hay quien dice que sus propietarios dejan las cabezas por la noche en el pasillo, juntas con las botas, para que la servidumbre se las pula al amanecer. Otras calvas son abruptas y montañosas; están llenas de promontorios y de hendiduras. Otras son calvas sensibles, que se ruborizan y enrojecen. A través de algunas calvas alemanas, uno ve los sesos en ebullición; ve uno el griego y el latín, la historia y la filosofía.

Lo peor es que no hay procedimiento, no hay loción, no hay masaje que haga brotar el pelo en estas calvas enormes. ¿Por qué no pintarlas al temple o al fresco, con arreglo a las nuevas escuelas decorativas? También podrían utilizarse como mapamundis, aprovechando las prominencias del cráneo para pintar montañas y tomando las venas como ríos. Esto sería agradable e instructivo y contribuiría al desarrollo de las ciencias geográficas. En caso de guerra, algunos podrían alquilar sus cabezas en las tertulias de café para que se pusieran en ellas banderitas a fin de seguir el curso de las operaciones.

No hay país que ofrezca una extensión mayor de superficie craneana baldía que Alemania. Esta superficie debe de alcanzar hectáreas y hectáreas. Se han buscado todos los medios para fertilizarla, pero ninguno ha dado resultados positivos. Una cabeza alemana es algo así como la Mancha: árido, seco, sombrío, desolado.

Naturalmente, que esta visión es completamente exterior. Ya hablaremos alguna vez de las cabezas alemanas por dentro.

El «Kapellmeister»

El *Kapellmeister,* o director de orquesta, es el rey del café. Las mujeres lo miran, le sonríen, le aplauden... A veces, le dicen a uno que lo llame a la mesa, que lo invite y que le dé diez marcos para que toque el *Pupchen* o cualquier otra cosa. Uno cree que ha hecho una conquista cuando consigue citarse con una mujer en el café, y luego resulta que esta mujer está enamorada del *Kapellmeister.*

¿Qué hacer sino resignarse? El *Kapellmeister* es más negro que uno, tiene más pelo que uno y, además, usa patillas. No se sabe a ciencia cierta por qué usan patillas los *Kapellmeister.* Deben de ser un elemento puramente decorativo, ya que para dirigir no parecen de absoluta necesidad esos aditamentos capilares. Ello es que no se concibe a un *Kapellmeister* sin patillas, como tampoco se concibe a un *Kapellmeister* rubio o castaño. Los dueños de cafés hacen venir sus directores de orquesta de Hungría, de Polonia, del Cáucaso. Cuanto más oscura tengan la tez y cuanto más lucientes los cabellos, tanto más les pagan. El que dirijan bien o mal, eso es secundario. Para un *Kapellmeister* la obligación consiste en enseñar los dientes y en revolver los cabellos, en morderse los labios y en poner los ojos en blanco al compás de la música.

Es war in Schöneberg
an Monat Mai...

Y el *Kapellmeister* se pone de rodillas, se yergue luego de un salto, se oprime con ambas manos el corazón... Todas las mujeres se sienten un poco amadas por él.

—¡Qué fuego! ¡Qué pasión tiene esta música! –exclaman–. Dele usted algún dinero al *Kapellmeister* para que vuelva a tocar. Los *Kapellmeister* han desencadenado sobre Berlín algo así como un huracán de notas tristes y bárbaras: música húngara, turca, armenia. Los músicos, como locos, patalean furiosamente el suelo al mismo tiempo de tocar sus instrumentos, golpean los atriles y lanzan gritos guturales. Es algo salvaje y brutal, que entusiasma a este pueblo rubio y metódico.

—¡Bis! ¡Bis!

Al final de una de estas melodías, el *Kapellmeister* se queda pálido, sudoroso, extenuado y como muerto. De diferentes mesas lo llaman y le ofrecen huevos, caldos y vinos generosos. El Kapellmeister se repone, y luego toca algo menos ardiente, menos apasionado, más lánguido y más sentimental.

Una estatura mínima y una estatura máxima

Mr. Willard no es precisamente un grande hombre; pero lo parece. Es un hombre de estatura normal, que sale a un escenario y comienza a medrar, sin más ni más, a la vista del público. Se dijera un yerno de Montero Ríos. La gente cree que hay detrás de Mr. Willard alguna gran influencia que lo hace crecer, alguna mano amiga y poderosa que lo empuja. No hay nada, sin embargo. Mr. Willard aumenta de talla por sí solo. Es como si dijéramos el Lerroux de las *variétés.* Se crece, se crece, va subiendo de una manera rápida, desproporcionada, y si no fuera por la levita, que se le queda corta, todo el mundo lo tomaría por un hombre extraordinario.

En Mr. Willard, como en el señor Lerroux, no hay más remedio que admirar la voluntad. Se propone crecer, y crece; parecer grande, y lo parece; y todo por obra y gracia de la voluntad. Mr. Willard llega a aumentar su estatura en diecisiete centímetros. Una vez, por una apuesta, fue grande durante ocho horas consecutivas.

¡Qué admirable cualidad la de Mr. Willard! Los poetas debieran ser como él. Así podrían adaptarse a las prendas de vestir de sus amigos y harían un buen papel en sociedad. También daría buenos resultados en viaje la propiedad de Mr. Willard. Uno se reduciría en su asiento del ferrocarril y se crecería en el vagón *restaurant*. Para viajar por Alemania y los Estados Unidos adoptaría uno la estatura gigantesca; para Francia, España, Italia y demás países meridionales, le bastaría a uno su verdadera y real estatura.

Si uno fuera como Mr. Willard, tendría uno una estatura mínima y una estatura máxima. Para las cuestiones personales, para las declaraciones políticas, para pedir un cargo de gobernador o de subsecretario, adoptaría uno la estatura máxima, y llegado el momento oportuno, uno se achicaría discretamente. En periodismo, para escribir artículos literarios le bastaría a uno la estatura mínima; pero para escribir artículos políticos o económicos tendría uno que echar mano de la estatura máxima.

A las horas de éxito sería uno grande, y a las horas de fracaso sería uno pequeño. Cuando uno tuviera dinero, se agrandaría uno; cuando no, se reduciría uno a su más mínima expresión. Y con las mujeres, uno sería grande o chico, según ellas lo desearan.

¿No les gustaría a ustedes poseer la facultad que posee Mr. Willard? Pues con un poco de voluntad la adquirirán ustedes. Todo puede adquirirse con voluntad. La voluntad es lo que no se adquiere con nada.

Los muertos en automóvil

Hurra! les morts vont vite;
mon amour, crains tu les morts?

Los muertos van en automóvil. Para ir en automóvil hace falta ser muy rico, o bien estar completamente muerto. Dicen que es muy sano y muy cómodo el que los muertos vayan en automóvil. «En las grandes ciudades, el cementerio suele estar, por lo menos, a diez kilómetros de la casa mortuoria –escribe el *Berliner Illustrierte Zeitung*–. Imagínense ustedes un caso de epidemia, y verán toda la utilidad de los automóviles como transporte fúnebre». Es indudable. Los automóviles para los muertos son muy útiles... para los vivos.

Claro que a los muertos les gustaría más irse al cementerio de una manera lenta y solemne, arrastrados por unos caballos engualdrapados y al son de unas músicas del año de la Nanita. O bien amarían que sus amigos los condujeran en hombros, mientras doblasen las campanas. Los muertos son muy ceremoniosos. Son también un poco teatrales. Quieren público, quieren discursos, quieren coronas. Para ir a acompañar a un muerto hay que introducirse en una levita, cuanto más vieja mejor, y pedirle a alguien una chistera prestada, y ponerse unos guantes negros, y adoptar un grave continente. ¡Y cómo les gustan a los muertos los lugares comunes! Los hombres de un natural sencillo no servimos para hablar en presencia de los muertos, ante quienes hay que decir cosas de este jaez: «No somos nada». «La vida es una ilusión». «Todas las esperanzas acaban en la tumba». «La muerte iguala a los ricos y a los pobres», etc., etc.

Hay hombres que se pasan la vida como si estuvieran en un entierro. Estos hombres van siempre de levita y de chistera y dicen constantemente lugares comunes.

¡Pobres muertos! Pero, bien pensado, si ni a la hora de la muerte va a haber un poco de solemnidad y un poco de aparato alrededor de nosotros, más valdrá que estos sabios alemanes inventen de una vez un elixir de la vida para que no fallezcamos nunca. Si la muerte va a ser, como la mayoría de las vidas, una cosa vulgar, sin levitas ni chisteras, ni coronas, ni discursos, entonces no vale la pena morir. No vale la pena morir en una gran ciudad, y es preferible ir a hincar el pico en un pueblo sencillo, donde nuestra muerte será todo un acontecimiento.

Les morts vont vite... El poeta quería decir que los muertos se iban pronto de nuestro recuerdo. Actualmente, se van pronto también de nuestra vista corporal. Se van en automóvil, oliendo a bencina, al son de los bocinazos del chófer, rápidos y trepidantes.

Hurra! les morts vont vite;
mon amour, crains tu les morts?

Palabras: exposición universal

Cuenta Mark Twain que un alemán de las cercanías de Hamburgo fue operado en el hospital de una palabra de trece sílabas. Desgraciadamente, los médicos calcularon mal la parte del cuerpo donde debían operar al paciente, y el desdichado murió... Ustedes tomarán el asunto a broma; pero si algún día se ven obligados a estudiar alemán, ya llegarán a saber lo que es eso de tener dentro una palabra de trece sílabas y no lograr expulsarla. Parece que los tejidos que la rodean se inflaman y que se produce una cierta supuración. Esa cara tan seria que ponen los que saben alemán, esa gravedad, esa solemnidad que guardan siempre, por muchos chistes que se les hagan, todo eso se explica a causa del sufrimiento que les producen ciertas palabras.

«Algunas palabras alemanas –dice el propio Mark Twain– son tan largas, que tienen perspectiva». Y como ejemplo, cita unas cuantas:

Waffenstillstandsuntenhandlungen.

Generalstabsverordnetenversammlungen.

«Estas cosas no son palabras –añade Mark Twain–: son procesiones alfabéticas. Con un poco de imaginación, se pueden ver las banderas y hasta puede oírse la música».

La mayoría de estas palabras no están en el diccionario; pero esto no quiere decir que no sean alemanas. Si no están en el diccionario es sencillamente porque no caben. Imagínense ustedes un diccionario de bolsillo con palabritas como esa de *Generalstabsverordnetenver...*, etc. Los autores de diccionarios tienen forzosamente que dividir las palabras en trozos. Meten el General en la *g*, el *Stab* en la *s*, el *verordneten* en la *v*, y así sucesivamente. Luego se encuentra uno en un periódico, en una novela, en una carta, en la muestra de una tienda o en cualquier parte, con la palabra reconstruida, toda entera, llena de majestad y de pompa, y empieza uno a mirar el diccionario. Tarea inútil. Para saber dividir convenientemente la palabra en los diversos elementos que la constituyen, es preciso conocerla de antemano. Estas palabras compuestas del alemán son algo así como los caballos cuando juntan las cabezas y forman un círculo para defenderse a coces. Ellas se juntan también –se juntan tres, cuatro, siete, diez–, se aprietan las unas con las otras, y se defienden con las consonantes. Imposible de todo punto el penetrarlas.

Es como si un extranjero, en vez de encontrarse en español con un título que dijera «Sociedad para el Fomento del Arte y de la Industria Nacionales», y que él podría traducir fácilmente, palabra a palabra, en su diccionario, se encontrase con lo siguiente:

«Nacionalarteindustriafomentosociedad».

En esta forma, es indudable que nuestro idioma le produciría al extranjero una impresión de mayor magnificencia, y si, además, la palabra estuviese escrita en caracteres góticos, el efecto panorámico sería deslumbrador. ¿Pero cómo se arreglaría luego el extranjero para descomponer esa palabra en sus varios componentes y poder enterarse del significado?

Las palabras alemanas están hechas con el mismo criterio que el Rheingold o que el Clou. Tienen algo de catedral, de estación, de cuartel, de fortaleza. Las hay que parecen exposiciones universales. Mark Twain, que se quedó tan asombrado ante ellas, venía, sin embargo, del país de los rascacielos: y es que arquitectónicamente, y hasta como obra de ingeniería, un rascacielos vale muy poca cosa al lado de un *Generalstabsverordnetenversammlungen*.

Habitaciones para estudiantes

Se ha formado una sociedad para alquilar habitaciones a los estudiantes y demás personas de poco dinero. ¡Fuera la clásica máscara de Beethoven que había presidido hasta ahora, desde un viejo piano destartalado o desde una estantería donde yacían los veintitantos tomos de la *Enciclopedia Meyer*, todas las habitaciones estudiantiles! ¡Fuera el consabido cromo de *Psiquis y el Amor*! ¡Fuera el idilio campestre y el paisaje alpino! ¡Y fuera también, y sobre todo, los antepasados de la patrona!

No más espíritu familiar. No más de esas toallas donde las manos virginales, y un poco estropeadas por las labores caseras, de la hija de la patrona han bordado con algodón azul, verde y rosa letreros que dicen: «Alegre despertar», «Trabaja y ahorra», «Madruga más mañana», etc., etc. El espíritu de La Rochefoucauld en algodón de colores, como si dijéramos.

No más tampoco de esos cojines que cuando uno quiere echar una siesta sobre la *chaiselongue* le reconvienen a uno dulcemente con el siguiente letrero: ¡Dormilón!, o bien le aconsejan con otro que reza: «Sólo un cuartito de hora...».

La nueva sociedad se propone alquilar por precios módicos habitaciones arregladas de acuerdo con las modernas escuelas decorativas. El estudiante que alquile un cuarto por sesenta o setenta marcos no tendrá en lo sucesivo que aceptar las teorías estéticas de la patrona, expuestas en los cuadros que adornan las paredes, ni que vivir bajo la mirada austera del fundador de la familia, que hasta la fecha lo ha contemplado, siempre vestido de levita, desde una ampliación fotográfica colgada al muro.

Pero con el mal gusto se acaba la *Gemütlichkeit*, es decir, la confianza, la familiaridad. Para el estudiante, la patrona había sido siempre como una prolongación de la propia familia. Al cabo de dos meses de vivir en un cuarto, uno se sentía unido por vínculos casi familiares a las personas que se lo alquilaban. Las patronas llegaban hasta a reconvenirle a uno cuando uno trasnochaba con exceso, y a recomendarle específicos si uno adelgazaba, sin comprender que esta delgadez era una lógica consecuencia del mal régimen alimenticio a que lo sometían a uno. Y uno acataba dócilmente esta tiranía por lo que había en ella de maternal. Se buscaban patronas buenas, alegres y un poco gordas, que le produjeran a uno, al verlas de mañana, una impresión de salud y de optimismo. Luego pasaban los años, y, de todas las señoras que le habían alquilado a uno habitación, quedaba un recuerdo así como de parientas lejanas, de mujeres que habían sido vagamente nuestras tías o nuestras abuelas.

En las habitaciones de la nueva sociedad habrá tal vez mucho buen gusto; pero ¿y el espíritu familiar? ¿Y la *Gemütlichkeit*?

Crítica de la estupidez pura

Acabo de leer en una revista un estudio muy interesante sobre la estupidez. Hasta ahora, se había creído que la estupidez era una cualidad innata en ciertos hombres; que se nacía estúpido, como todavía hay quien cree que se nace poeta; que el poeta y el estúpido eran dos seres dotados por la Naturaleza con el privilegio de hacer versos, el uno, y con el de decir majaderías, el otro. Se creía, en fin, que «el estúpido nace y no se hace».

Indudablemente, hay estúpidos natos. La estupidez nativa, lejos de producir, como otras, un efecto deprimente, constituye una especie de tónico para los que se ponen en contacto con ella. La estupidez que deprime y que desmoraliza es esa estupidez trabajada, elaborada, cultivada artificialmente: esa estupidez impura, sin espontaneidad, que, más que una cosa positiva, más que verdadera estupidez, parece un fracaso del talento. Por el contrario, la estupidez natural tiene tanto sabor y tanto aroma, hay en ella tanta salud y tanto poder, que lo rejuvenece a uno, exaltándole todas las energías vitales. Una estupidez así es irresistible. Hay que admirarla y que acatarla, a menos que uno se sienta con un talento tan fuerte como ella, para lo cual se necesitaría ser un genio.

Según mi ensayista, la estupidez tiene dos fases: una positiva, y otra negativa. En todos los hombres hay una cantidad de estupidez negativa, una incapacidad para la comprensión de ciertas cosas. Así, por ejemplo, yo no he llegado nunca a entender una guía de ferrocarril, lo cual constituye una estupidez, pero una estupidez negativa; es una limitación de mi inteligencia, limitación de la que yo me avergüenzo y que trato de subsanar; pero la estupidez positiva viene a ser algo muy distinto. No es una limitación de la inteligencia, sino una sustitución de ella. El estúpido positivo razona con la estupidez. La estupidez es su forma de inteligencia, es la facultad de que él se vale para la comprensión de las cosas. El estúpido positivo está tanto más orgulloso de su estupidez cuanto él siente que esta estupidez es más grande. Hay estupideces enormes, formidables, como hay inteligencias geniales.

Y la moral es ésta: descartemos la estupidez negativa, descartemos la mediocridad; que los hombres estúpidos, los que se sienten llamados a grandes cosas por el camino de la estupidez, no traten de atenuar sus facultades naturales y que cultiven su estupidez como una fuerza, en la seguridad de que vale más ser un gran estúpido que tener una inteligencia mediana. Esta moral, por lo demás, sería fácil de documentar con muchos y muy brillantes ejemplos.

El «abgeschnitten Schnurrbart»

Más de una vez he tenido ocasión de ocuparme del moderno bigote alemán: este bigote recortado por los extremos, y del que sólo quedan unos cuantos pelos bajo la nariz. El comandante general del *Gardekorps* acaba de prohibirle a sus soldados y suboficiales el uso de semejante bigote, y dentro de poco el *abgeschnitten Schnurrbart*, que es el bigote en cuestión, habrá desaparecido por completo del ejército alemán. Es una nota pintoresca que se nos va a los cronistas; un tema de disertaciones que ya no podremos desarrollar más...

A la verdad, el *abgeschnitten Schnurrbart* no era un bigote muy a propósito para guerreros. En caso de guerra, no se podría confiar mucho en él para aterrar al adversario. Inspiraba más confianza que pavor, más simpatía que miedo. En la cara enérgica del soldado alemán, cuando este soldado se cuadraba a la voz de mando, mirando ferozmente a un imaginario enemigo, el *abgeschnitten Schnurrbart* constituía una nota de amenidad, donde uno gustaba de reposar sus miradas. Era algo así como un oasis para nuestra vista. Se advertía fácilmente que el guerrero prusiano, a pesar de sus rudas facciones y de sus gestos imponentes, no era todo ferocidad; que tenía un alma sencilla y ciertas preocupaciones estéticas. El *abgeschnitten Schnurrbart* hacía el efecto de la llamada mosca, ese apéndice capilar que todavía se dejan algunos franceses en el labio inferior, sólo que elevado a la dignidad del labio superior. Era una, mosca debajo de la nariz.

Entre las muchachas ha tenido éxitos formidables. Había algunas que le llamaban *Zahnbürste,* o cepillo de dientes; pero la mayoría lo encontraban fino, distinguido y se prendaban de él. Sin la arrogancia del bigote a la borgoñona, sin el cosmético del bigote a lo káiser, sin afectación y sin guías, muy pequeño y muy modesto, el *abgeschnitten Schnurrbart* ha hecho verdaderos estragos en los corazones femeninos, contribuyendo así a cordializar las relaciones entre el poder militar y el poder civil alemanes con más eficacia que la mayoría de los discursos que se pronuncian al respecto.

Pero el general Von Pettenberg, comandante general del *Gardekorps,* no está conforme con el *abgeschnitten Schnurrbart,* y lo ha abolido de una plumada que parece un golpe de navaja barbera, golpe que no dejará de herir a algunos corazones enamorados. Es lamentable, pero era de prever. El *abgeschnitten Schnurrbart* ni era completamente un *Schnurrbart* –*un* bigote– ni estaba completamente *abgeschnitten* –*cortado,* afeitado–. Había en él un carácter de cosa indecisa, transitoria. Tenía que ensancharse, que conquistar territorios a la sombra de la nariz, o que morir. Y ha vivido *ce que vivent les roses...*

Bergson en Alemania

Una casa de Jena ha comenzado a editar a Bergson en alemán. Bergson, sin embargo, no pasará nunca por filósofo en Alemania. Es demasiado claro, demasiado ameno, demasiado elegante. Escribe muy bien y se viste de una manera impecable. Sus levitas, no tan sólo están bien cortadas, sino que carecen de lamparones. Su estilo es sencillo, ligero, transparente. Bergson tiene muchas corbatas y muchos adjetivos. Con tales prendas literarias y vestimentarias se puede ser en Alemania un periodista, un escritor de crónicas o de revistas de salones, hasta un autor de novelas o de comedias para el cinematógrafo; pero un filósofo, eso nunca.

Un filósofo alemán es algo más serio y más grasiento que todo eso. La dignidad de la ciencia le impide toda amenidad, tanto en el escribir como en el vestir. ¿Que no lo entienden? Muy bien. Se trata precisamente de ponerse fuera del alcance del público frívolo y ligero, en una región de pura filosofía. Los filósofos alemanes están en sus libros como las fieras en sus jaulas. Se los ve de lejos, se les oye rugir; pero nadie se acerca.

El *Berliner Zeitung am Mittag* publica un trozo de *La risa,* de Bergson, a quien llama el *französischer Modephilosopher.* El *französischer*

Modephilosopher puede significar el filósofo francés a la moda, y puede significar también el filósofo de la moda francesa. Parece así como si Bergson tuviese una tienda de filosofía en la *rue de la Paix*. Además, se sabe que todas las mujeres distinguidas de París van a oír a Bergson día por día. ¿Qué clase de filósofo es ése que no muerde, que no ruge, y al que pueden acercarse sin temor las mujeres elegantes? He aquí el trozo de *La risa* que publica el *B. Z. am Mittag*. Ningún artículo del mismo número tiene tanta ligereza, tanta gracia, tanto encanto. No hay que calarse unas gafas, no hay que aislarse en una biblioteca rodeado de volúmenes de consulta para leerlo. Se lee de un tirón, con la sonrisa en los labios, y se entiende todo, aun sin haberse quedado calvo estudiando diez años en Marburgo a fin de prepararse para la lectura. Se entiende fácilmente: luego no debe de ser muy profundo.

Yo no sé si las cosas muy profundas pueden decirse de una manera clara y amena; tal vez tengan alguna razón los que creen que no. Lo indudable es que no son profundas todas las cosas escritas en un estilo bárbaro, y que el hecho de no saber escribir no basta para convertir a un hombre en filósofo. No lo digo por los filósofos alemanes, que, sin duda, tenían grandes razones para escribir de un modo confuso, y entre ellas la de no saber escribir de un modo claro, sino por los que de estos filósofos se limitan a imitar el modo confuso.

LA «BOCKBIERZEIT»

HA comenzado la *Bockbierzeit,* la época de la cerveza *Bock.* En Múnich, esto es todo un acontecimiento, y según el *Simplicissimus,* es el acontecimiento que más preocupa al Ministerio. ¡Ahí es nada la inauguración de la cerveza *Bock!* Las asociaciones de estudiantes y los círculos militares celebran asambleas extraordinarias; el comercio se transforma; los ministros se reúnen en consejo... A estas horas, el alma de Múnich nada en la cerveza *bock* como en un mar maravilloso, poblado de sirenas que son *Kellnerinnen* y que atraen al náufrago diciéndole:

—*Noch ein Glas?* (¿Un vaso más?)

Hubo una época en que Berlín tenía también su *Bockbierzeit.* La inauguración de la cerveza *Bock* constituía aquí una fiesta popular. Berlín se llenaba de bailarines bávaros, de camareras y de cantores. Las cabezas prusianas se hacían pintorescas bajo los sombreros tiroleses, adornados con plumas, con brochas de afeitar, con zorros de limpiar el polvo. Berlín engordaba un poco, se bavarizaba, como si dijéramos; se hacía *gemütlich* y demócrata. De aquel tiempo queda todavía en algunas cervecerías una pila de mármol a la altura del pecho, con dos asas para agarrarse, y este letrero: «Para los mareados». Es decir, para los mareados en el mar encantado de la cerveza *Bock.*

Pero ahora Berlín es una ciudad elegante, fina, lujosa, y el berlinés no quiere hincharse de cerveza como un bávaro. El berlinés bebe *champagne, whisky, americans drinks...* Bebe *cock-tails, flipps, cobblers,* o, por mejor decir, los sorbe al través de unas pajitas. Todavía se vende en Berlín la cerveza *Bock;* pero esto no constituye un acontecimiento, ni mucho menos. Más claro: subsiste la *Bockbierzeit,* pero falta la *Bockbierzeitstimmung;* esto es, el humor, el espíritu de la fiesta.

La *Bockbierzeit* pertenece ya a la tradición en Berlín. Es algo casi legendario que existía en pleno vigor hace una docena de años apenas.

El «colosalismo» berlinés

El lector conoce el amor de los berlineses por lo colosal. Tal café de Berlín parece una fortaleza; tal *restaurant* semeja una catedral; tal teatro es como un cuartel. Salas enormes, escaleras gigantescas, puertas monumentales... ¿Por qué?, se pregunta el mundo.

Yo he descubierto una razón humana, un motivo de gran humanidad en el fondo del colosalismo berlinés. El berlinés ama los grandes locales por sociabilidad, por democracia, por culto al pueblo. Cuando una familia berlinesa va al café, es para mezclarse al pueblo, para ver y para que la vean, para ser como una ola en el mar inmenso de la muchedumbre, para impregnarse, para saturarse de democracia a la vez que de café y de *Schlagsahne.*

El café y la *Schlagsahne* son más apreciados por la familia si los toma en común con doscientas familias más que si los tomara aisladamente, en el comedor de casa, o bien en un local pequeño con capacidad para poco público. Que haya mucha, muchísima gente; que toque una banda muy numerosa y, a ser posible, militar; que desborden de luz unas arañas formidables; que el café sea como un templo al pueblo, a la democracia, y que en este templo, poblado de estatuas y resplandeciente de dorados, los precios sean reducidísimos. ¿Puede darse nada más humano?

Y la orquesta suena, o muy lejana o muy cercana. Toca algo de circo. Parece que van a salir las amazonas de un momento a otro. En las mesas, grandes, grandísimas, el extranjero se siente, a lo mejor, rodeado por toda una familia; las señoras hacen calceta; las niñas hablan de modas o se ponen a escribir cartas... El extranjero permanece allí horas enteras, confortado por aquel calor familiar, miembro transitorio de un hogar, en pleno café.

Claro que el berlinés distinguido no frecuenta estos cafés colosales. El berlinés distinguido desprecia la multitud. Tiene sentimientos aristocráticos y algún dinero disponible.

Ahora se ha abierto un café del género colosal, uno de estos cafés enormes, en el corazón de Charlottemburgo, que es la parte más elegante de Berlín, y este café está desierto a todas horas. Da pena. A pesar de la calefacción, se siente allí un frío terrible.

El templo al pueblo carece de fieles; el monumento a la democracia no atrae peregrinos.

Los camareros, con sus servilletas y sus delantales, vagan tristemente por entre las mesas, como sacerdotes de un culto muerto.

El insano alemán

El alemán es algo verdaderamente terrible. No hace aún mucho tiempo, un muchacho español se volvió loco estudiando alemán. Parece que quiso aprenderlo en tres meses. Cada día se encerraba en su cuarto, durante dieciocho horas, con unas gramáticas enormes y unos diccionarios formidables. Apenas comía y casi no dormía. Sus pocas horas de sueño estaban pobladas de dativos, de acusativos y de verbos irregulares. Los vecinos le oían soñar en alemán. A los dos meses, en esta lucha del hombre con el alemán, el alemán vencía. Nuestro pobre compatriota se volvió loco.

Otros se vuelven idiotas, que es peor, y, sobre todo, pedantes. Si yo llego a saber bien alemán sin volverme muy pedante y sin ponerme completamente insoportable, mi mérito será realmente extraordinario.

Yo tengo un amigo rumano que es uno de los hombres que saben más gramática alemana en el mundo entero; pero ¡a qué costa la ha aprendido el pobre! Se ha quedado seco y arrugado sobre los libros. Va por la calle torcido, con una levita muy sabia, y parece así como si el viento se lo fuera a llevar. No tiene pelos ni pestañas. Los dientes se le han caído dentro del diccionario, donde es posible que todavía pueda encontrarse alguno. Se diría que ha estado enfermo del tifus, y es que el alemán es peor que ninguna otra enfermedad.

Para este ilustre amigo mío no existen las mujeres ni la música, los placeres de la comida ni los atractivos del baile. Nada le interesa en el mundo fuera de la gramática alemana, ni de nada entiende. El libro de la vida es para él una gramática inmensa.

—*Die Mädchen ist schön* (la muchacha es bonita) —se le dice señalándole una chica que pasa.

—*Nicht die Mädchen. Das Mádchen* —contesta él, corrigiendo el artículo que hemos empleado.

Porque de las muchachas bonitas lo único que le importa a mi amigo es el artículo. Mi amigo, como el protagonista de un cuento que tal vez conocen ustedes, es capaz de pedir faltas de ortografía en un *restaurant,* y decir luego:

—¿Que no tiene ustedes faltas de ortografía? ¿Y para qué las ponen ustedes en la lista?

Ustedes verán si vale la pena de aprender alemán a esa costa. Más razonable es volverse loco desde luego que no esperar a que el alemán lo idiotice a usted. Si los alemanes tuvieran que aprender alemán como tienen que aprenderlo los extranjeros, no les quedaría tiempo disponible ni les quedaría cabeza para hacer ninguna de las cosas que hacen ahora.

El café Bauer

—Was möchten Sie lessen?

—*ABC*, bitte.

Y el hombre de los periódicos me trae el *ABC* en una especie de atril, bastante incómodo por cierto.

Estamos en el café Bauer, en la Unter den Linden, esquina a la Friedrichstrasse; es decir, en el sitio más céntrico de Berlín. A mi lado, acaso un indio de mirada doliente, con la cabeza vendada, como si viniera de la Casa de Socorro, lee el *Calcutta Advertiser,* mientras frente a mí una mujer que parece española, pero que debe de ser rusa, pide el *Bírschewya Wjedomistí,* y algo más allá, un turco de nariz corva, pómulos salientes y ojos tristes recorre, de derecha a izquierda, las líneas extrañas del *Sabah,* y detrás de mí hay un señor enfrascado en la lectura de *La Epoca,* probablemente un rumano. O acaso no hay tal señor rumano ni tal periódico de Bucarest, sino un japonés que hojea el *Níshí Níshí Shimbum,* o un armenio ante unas hojas impresas con unos caracteres muy raros, mitad griegos y mitad asirios, en un papel que no debe de ser de Armenia, sino de Austria o tal vez de Alemania.

En el café Bauer se reciben los periódicos más importantes de todo el mundo, y el hombre que los reparte podría darnos a muchos lecciones de periodismo. De lengua castellana se reciben en el Bauer *ABC*, el *Heraldo*, *El Imparcial*, *Blanco y Negro* y *La Prensa*, de Buenos Aires. No hay un rincón en la tierra que no tenga su órgano en el Bauer. En el Bauer no pasa inadvertido ningún acontecimiento, por lejano y por pequeño que sea. Si el alcalde de una ciudad australiana renuncia a su cargo, este gesto produce en el Bauer una emoción; si un periodista de Teherán hace un artículo vibrante en pro de la integridad patria, con citas de los poetas persas, no faltará en el Bauer quien se estremezca al leerlo. El café Bauer es, como si dijéramos, el corazón del mundo. Allí, ante una taza de mal café, uno se siente ciudadano mundial. Cualquier cosa que pase en cualquier parte tiene un eco en el café Bauer. Este café está en relación con el planeta entero.

El café Bauer os contempla, hombres públicos de Madrid y de Chicago, de Guadalajara y de Yecoterinodaz, de Paysandú y de Coonabarabrán, de Aquileja y de Macao, de Fuching y de la isla de Conanicut. Cada pueblo tiene una peña en el café Bauer, y estas peñas del café Bauer, un poco infatuadas por el hecho de vivir en Berlín, lo critican todo con un aire de superioridad verdaderamente terrible.

En el café Bauer pueden hacerse experimentos curiosos. Puede pedirse un periódico sueco, el *Stockolms Dagblatt*, por ejemplo, y al poco rato se le acercará a uno un señor, y este señor le dirá a uno unas cosas raras que uno no comprenderá, pero que adivinará fácilmente:

—Usted perdone. ¿Es usted sueco?

Porque, a una hora o a otra, no hay país que no tome su tacita de café en el Bauer por delegación en uno de sus hijos. Por el Bauer desfila el mundo entero durante las veinticuatro horas del día. El Bauer es para el mundo algo así como lo que la puerta del Sol es para Madrid.

«KULTUR»

LOS españoles vienen a Alemania a hacerse sabios. Muchos, con sólo un año de permanencia aquí, adquieren toda la sabiduría. El aire alemán es ciencia pura. Basta respirarlo para que insensiblemente vaya uno poniéndose grave y trascendental. Uno viene aquí con media onza de cerebro, y vuelve a España con una cabezota enorme. Luego, cuando a uno van enflaqueciéndole los sesos, no tiene uno más que volver. En quince días o un mes se repone uno de sabiduría, así como pudiera uno reponerse de salud. Casi todos los médicos importantes y los catedráticos españoles hacen esta cura cerebral una vez al año.

Verdaderamente, en ninguna parte hay libros tan gordos como en Alemania. Los libros franceses, sobre que no estudian ninguna cosa de una manera definitiva, están escritos con una amenidad indigna de la ciencia. Ese Bergson, por ejemplo, no se puede negar que tiene un talento enorme; pero, al fin y al cabo, es un francés y escribe con amenidad, y un filósofo no debe escribir con amenidad. Es igual que si se vistiera como un pollo, en vez de llevar una levita con algunas manchas de grasa. Actualmente, no hay más ciencia que la alemana. Yo no me cansaré de repetirlo: con un chaqué y una cultura francesa, uno puede presidir en España unos juegos florales; pero para los altos cargos financieros no hay más remedio que procurarse una levita y una cultura alemanas.

Cuando yo vine por primera vez a Alemania, los amigos me decían:

—Ten cuidado. Mira que vas a volver hecho un sabio.

Yo me reí; pero luego comprendí que a mis amigos les sobraba razón para hacerme aquella advertencia. Centenares de veces, las personas que he conocido aquí han pretendido elevar nuestras conversaciones corrientes a las regiones de la ciencia pura. Me ha costado un trabajo loco ser trivial y ligero y no hablar de cosas profundísimas. Frecuentemente, en el café, mis interlocutores han querido llamar al «botones» para pedir un tomo de diccionario enciclopédico y estudiar desde sus orígenes la materia de que estábamos tratando superficialmente; porque aquí, en cada café, además de la prensa de todo el mundo, hay un diccionario enciclopédico. El camarero le sirve a uno el café como uno lo quiera: bien con la historia de Babilonia o con un estudio sobre los Faraones. Yo suelo tomarlo solamente con las noticias de actualidad, y los camareros me tienen muy poco respeto.

Si yo no me he vuelto completamente sabio en Alemania, mi trabajo me ha costado. Últimamente, me noté síntomas así como de ir adquiriendo un criterio científico para todas las cosas. Entonces me entró una gran aprensión y me fui. Me fui a reponerme de ligereza y de trivialidad, así como los médicos y los catedráticos vienen a reponerse de pesadez y de ciencia, porque es preciso cuidarse.

La sensibilidad musical

¿Dónde está la sensibilidad musical: en la cabeza, en la medula o en los calcañares? Un periódico plantea el asunto, si bien en términos algo más científicos, y pregunta si puede haber personas inteligentes que carezcan de sensibilidad musical.

Yo soy una persona inteligente que carece de sensibilidad musical. A mí me tocan ustedes Mozart o Beethoven, Bach o Wagner, y es inútil. Todos los gestos que yo haga, todas las actitudes extáticas que yo tome serán pura cortesía. En el fondo, me aburro como una ostra. Positivamente, yo carezco de sensibilidad musical. Es terrible, es inconfesable. Yo mismo estoy aterrado. Cuando voy a un concierto y veo la emoción de todas las gentes, mientras yo permanezco frío me considero un pequeño monstruo.

—Todo el mundo vibra al son de esta música —me digo—; todo el mundo se conmueve, menos yo. ¿Es posible que yo sea un ser tan bajo y tan innoble?

Y lo soy positivamente. Yo no poseo la menor sensibilidad musical. Es casi casi como si no poseyera sensibilidad moral. Mi caso se asemeja mucho al de aquel personaje de un cuento célebre que no podía experimentar remordimientos. Le pedía dinero a la gente y no se lo devolvía; se marchaba de los hoteles sin pagar; les hacía la corte a las mujeres de sus mejores amigos, y no sentía nunca remordimientos. Poco a poco llegó a considerarse un ser absolutamente depravado, no por las infamias que realizaba, sino por su falta de capacidad para experimentar remordimientos de conciencia.

—¿Qué haría yo a fin de despertar mi sensibilidad moral? –se dijo un día.

Y pensó en cometer un crimen, un crimen gigantesco, formidable, apocalíptico; prenderle fuego a una gran ciudad, abrasar a todo bicho viviente, destruir una civilización entera. Así lo hizo. Organizó su incendio y lo llevó a cabo. La ciudad ardía por los cuatro costados. Los enormes edificios, los grandes palacios, volaban hechos pavesas. Empezaron a morir viejos, mujeres, niños... Las gentes morían achicharradas como ratas. Cuando de la gran ciudad no quedaban más que escombros, el hombre se fue al campo, provisto de una porción de ediciones extraordinarias de los periódicos, para entregarse al dolor de los remordimientos que, indudablemente, le asaltarían. Leyó todas las noticias, se metió en la cama y apagó la luz.

—¡Qué noche más horrible voy a pasar! –pensaba.

Pero se durmió como un tronco y se despertó tan fresco. No había sentido durante toda la noche el menor remordimiento. Era un monstruo.

¿Seré yo un monstruo también? Porque yo he ido a oír las sinfonías más maravillosas del mundo, interpretadas por los más admirables artistas, y no he sentido emoción alguna. Mis compañeros de casa de huéspedes, mi patrona misma, se emocionaban, y yo no. Yo era allí el único ser que carecía de sensibilidad musical.

Probablemente, mi caso será único en Alemania; pero me consuela el pensamiento de que hay países enteros, y países civilizadísimos, como Inglaterra, que en esto de la música tienen, poco más o menos, la misma sensibilidad que un guardacantón.

La España romántica

—¿Conque es usted español?

—Sí, señor.

—Me alegro tanto. ¿Y español de dónde?

—Español de España –dice uno modestamente.

Nuestro interlocutor tiene que reconocer la posibilidad de un español de España. Un español de España es, en efecto, un español. Sin embargo, los españoles que él ha conocido eran todos de otros países: argentinos, chilenos, hondureños... ¡Hasta de Rumanía!

—¿De manera que los rumanos no son españoles? –me preguntaba una señora.

Yo le dije que no.

—Pues yo he tratado españoles de casi todas partes; pero ninguno era tan español como un rumano que conocí hace dos o tres años.

Hay españoles de idioma y hay españoles de temperamento. Se puede ser más o menos español, no porque se haya nacido más o menos en España, sino porque se tenga el pelo más o menos oscuro, los ojos más o menos ardientes, el andar más o menos torero.

Gentes de todas las latitudes cultivan el tipo español, como se cultiva el tipo inglés y el tipo parisiense. Cuando se le dice a una muchacha que se es español, no se le quiere significar que se es precisamente de España. Aparte la geografía política, hay una geografía sentimental, y en esta geografía, España es la tierra de los toros y del jerez, del baile flamenco y de la ópera *Carmen,* de las mantillas y de los claveles, de los autos de fe y de todo lo demás. La tierra del sol, del vino, del fuego y de la sangre. ¿Para qué decirle a una muchacha que se es de Rumanía? Rumanía sólo existe en la geografía política, pero no figura en la geografía romántica. Al declararse rumano, se da una noción geograficopolítica que satisface plenamente la curiosidad de la policía, pero que no puede nunca satisfacer la de una muchacha. Y quien habla de Rumanía habla de cualquier otro país donde los hombres sean más o menos morenos y más o menos apasionados.

Estos hombres, pues, se anuncian frecuentemente como españoles. Uno se encuentra aquí con compatriotas de las cinco partes del mundo. En los dominios de la España romántica sigue luciendo el sol noche y día.

Y entre tantos españoles de tan distintas procedencias, los españoles de España constituimos una excepción casi increíble. Todo lo que es de grande el concepto romántico de España, lo es de pequeño el concepto territorial.

—¿Español? ¡Ah! Muy bien –dice la gente–. ¿De España? ¿De España ha dicho usted?

Y al nombre de España comienzan las perplejidades.

Si la torre Eiffel fuese berlinesa

Vamos a suponer que la torre Eiffel es un monumento berlinés. En realidad, esta torre, que rompe toda la armonía visual de París, encajaría perfectamente en Berlín, y yo no me explico por qué está allá en vez de estar aquí. Yo he conocido a un francés que tenía un tipo de alemán inconfundible. Había nacido en París; sus padres, sus abuelos, todos eran franceses; pero él tenía tipo alemán. En ciertos períodos de exaltación *chauvinista,* este tipo le produjo algunos disgustos. En vano él decía que era de la parroquia de San Sulpicio. Nadie le hacía caso... Como aquel amigo mío, la torre Eiffel ha sacado un tipo alemán.

Supongamos, pues, a la torre Eiffel en Berlín, que es donde debiera haber sido ideada y construida. Esta torre, que se llamaría la *Férreaeiffeltorre,* sería el orgullo de la ciudad. Uno hablaría aquí de la hermosura de París, de las perspectivas del Sena, de los monumentos que decoran la capital de Francia... Hablaría de Notre Dame, de Cluny, de la Sainte-Chapelle, de Saint-Germain-l'Auxerrois, del Louvre, de las Tullerías...

—Pero en París —dirían los berlineses— no hay ninguna torre Eiffel. ¡Toda de hierro! ¡Trescientos metros de altura! *Kolossal!...*

Uno reconocería que los ingenieros franceses eran incapaces de hacer una torre Eiffel.

—Como cosa técnica —diría uno—, la torre Eiffel es admirable; pero artísticamente... Y luego, ¿cómo van ustedes a comparar esa torre de hierro, que no tiene historia, ni tradición, ni nada, con los nobles monumentos de piedra de París? ¿Saben ustedes las evocaciones que le sugiere a uno un esquinal cualquiera de los viejos barrios parisienses?

—Todo aquello es demasiado viejo, demasiado sucio —contestarían los berlineses—. *Ach...!*

Después le vendrían a uno con lo de la estación radiotelegráfica, y lo del observatorio astronómico.

—Kolossal!... Kolossal!...

«Siempre el colosalismo alemán», pensaría uno. *Le Matin* hablaría de la torre Eiffel constantemente. «La torre Eiffel y el Vólkerschlachtsdenkmal —diría—: he ahí el genio de nuestros vecinos de allende el Rin». Y yo mismo sacaría de la torre Eiffel una serie de consideraciones generales sobre el espíritu germánico, con cierta indignación por parte de mis lectores alemanes.

Es una lástima, una verdadera lástima, que la torre Eiffel no esté en Berlín. En París no sirve para nada. Los alemanes, que la ven tan grande, tan nueva, tan científica, tan de hierro, tan alemana, no pueden echársela en cara a los franceses. Y los franceses, que son sus autores, tampoco pueden echársela en cara a los alemanes.

Un espectáculo primaveral

En la acera hay tres, cuatro, cinco personas que miran a lo alto y hablan con gran animación. Este grupo va engrosando poco a poco. Enfrente se forma al poco rato un segundo grupo. Se abren algunas ventanas y asoman mujeres en ropa de casa y hombres en mangas de camisa. Todo el mundo tiene la nariz hacia el cenit. Unas personas llaman a otras. Los cocheros refrenan sus caballos, los chóferes detienen sus automóviles, los ciclistas saltan de sus máquinas; hasta los grandes carros de mudanza se paran. La calle se anima instantáneamente. En el interior del café no hay ya un alma: todos se han ido a la puerta, muchos con las sillas, para subirse a ellas y ver mejor.

—¿Qué pasa?

—¡Buen viaje!

—¡Viva!...

Algunas muchachas envían besos al aire. El zepelín, mientras tanto, evoluciona lenta, grave, solemnemente. Como espectáculo, es algo semejante a los elefantes de circo. A uno le gusta ver hacer de mariposa a aquella mole gigantesca, verla subir y bajar y dar brincos con tanta dignidad.

Y poco a poco, el zepelín se aleja. Los vehículos vuelven a ponerse en movimiento; las ventanas se cierran; los clientes del café recobran sus puestos en el interior; los pañuelos son meticulosamente plegados y reintegrados a las profundidades misteriosas de donde habían salido por un momento.

Pero el zepelín no ha pasado inútilmente. Los ojos guardan de él una visión gloriosa. Este señor que tomaba café enfrente de mí tiene ahora un tipo mucho más alemán que antes; parece así como si se sintiera más orgulloso de su cabeza teutónica, en la que no anidan ruiseñores, sino zepelines. Y hasta el camarero adopta una aptitud gallarda, casi heroica, en los menesteres del servicio.

La fuerza alemana

Uno se encuentra en Alemania chiquito, flaco, débil. Para abrir una puerta hay que empujar con todo el cuerpo. Las estatuas que decoran los edificios no tienden a darle a uno una impresión de gracia o de belleza, sino una impresión de fuerza. Nada de Venus sonrientes. Hércules barbudos, que lo amenazan a uno desde los frontispicios con sus mazas formidables; Atlantes mal encarados, con aspecto de mozos de cuerda, llevando el mundo sobre las espaldas; Prometeos enfermos de elefantiasis, que tratan de romper sus ligaduras poniendo los músculos en tensión... En el Rheingold –un *restaurant* berlinés donde hay raciones desde 75 céntimos–, las salas están ornadas con esculturas enormes que representan gigantes y divinidades guerreras. Los edificios son pesados. La literatura también. La cocina lo mismo.

El arte arquitectónico, que en manos de los griegos y de los latinos había consistido en hacer obras sólidas y resistentes de una apariencia grácil y ligera, en manos de los alemanes sirve para hacer obras ligerísimas de una apariencia pesada y formidable. Se simulan enormes bloques de granito con cemento, cuando no con yeso. Muchas casas alemanas parecen construcciones ciclópeas, y el inquilino berlinés se complace en habitarlas, aunque cada mes tenga que llamar la atención del casero sobre las resquebrajaduras.

Alemania tiene la obsesión de su fuerza, y esta obsesión influye en el último artista decorativo tanto como ha influido en Nietzsche, en Treitschke o en el general Bernhardi. Ella sabe además que su único fuerte es la fuerza. No la habilidad, no la gracia, no la diplomacia. La fuerza. No la sonrisa de Venus, sino la maza de Hércules. «Nuestras deficiencias diplomáticas –dicen los alemanes– las subsanaremos con la fuerza».

Y las mesas del *restaurant,* con sus patas anchas y recias, parecen hechas para devorar en ellas bueyes enteros. Hay jarros de cerveza en los que caben cinco litros. Uno, como digo, se siente chiquito, flaco, débil...

Wilmersdorf, puerto de mar

¿Se imaginan ustedes un buque en pleno Berlín, un buque con su casco y con sus mástiles, con sus chimeneas y con sus velas, con sus puentes y con su tripulación?

—¿Por qué no? –dirán ustedes–. El Spree tiene bastante agua.

Pero el buque de que yo hablo no está en el Spree, sino en la Düsseldorferstrasse, ayuntamiento de Wilmersdorf. Es una escuela de marinos, y es un buque de verdad. No le falta nada más que el agua.

La otra tarde hacía un poco de viento, y el navío había desplegado sus velas. La marinería corría de proa a popa y de babor a estribor, trepaba a los palos y armaba un gran griterío. Evidentemente, la situación era difícil, porque el viento arreciaba cada vez más. El buque, empotrado como está en la tierra, no hacía oscilación ninguna; pero de encontrarse en el mar, es indudable que daría unos brincos espantosos. Ahora bien: teóricamente, el buque estaba en el mar y los tripulantes se consideraban en un momento de peligro. De aquí las carreras, las órdenes contradictorias y la gritería que se producía a bordo. Dos oficiales, muy serenos, situados en el puente más alto, escudriñaban el océano del lado de la Kurfürstendamm con unos anteojos de larga vista.

—*Du sang froid, du sang froid...* —que diría Tartarín.

Así se acostumbra la gente a dominar las borrascas oceánicas en la Düsseldorferstrasse. Son las ventajas del método experimental. No basta estudiar náutica en los libros, sino que es preciso embarcarse, meterse como marinero en un barco de verdad y someterse al régimen de a bordo en la Düsseldorferstrasse o calle de Düsseldorf. De allí salen luego los hombres hechos a la vida libre de los mares, con ese aire especial que los distingue tanto de los que vivimos en tierra firme. ¡Hay que verlos en el tranvía o en el *Untergrundbahn*, de pie, sin apoyarse, sin asirse a parte alguna, manteniéndose en perfecto equilibrio, ante la admiración de los otros! Tienen eso que los franceses llaman el *pied marin*.

Yo, que necesito respirar los aires del mar por razones de salud, me voy muchas tardes a la Düsseldorferstrasse. Allí veo el buque-escuela, con sus velas desplegadas al viento, oigo las voces enérgicas de los marinos, y siento como si mis pulmones se llenaran de emanaciones salitrosas.

No sólo todos los franceses, todo el mundo es un poco de Tarascón.

El «Konversations-Lexikon»

El *Konversations-Lexikon* es una enorme enciclopedia, editada por la casa Brockhaus. En ella está todo: la civilización babilónica, igual que los catarros nasales; la historia de la industrial textil, así como las costumbres de los papúes; el cultivo de la patata y la quiromancia; la filosofía de Kant y la descripción de Valladolid. Todas las ciencias y todas las artes están contenidas en el *Brockhaus,* que es como se llama vulgarmente la maravillosa enciclopedia. ¿Que a uno le entra un dolor de muelas? Pues coge uno el tomo de la eme, busca la palabra *muela,* y se entera uno minuciosamente de lo que son las muelas, de por qué duelen, de que duelen mucho, de que la gente le llama al dolor de muelas dolor de perros, de los personajes célebres que han sufrido dolores de muelas, etc., etc. ¿Que un amigo le amenaza a uno con golpearle? Pues al *Brockhaus.* Allí está explicada toda la teoría de la *box* y la del *jiu-jitsu,* con figuras demostrativas, para que uno pueda defenderse.

El *Brockhaus* lo es todo. Cuando vean ustedes un artículo mío muy documentado, con muchos datos y con muchas cifras, no admiren ustedes demasiado mi erudición, ni siquiera mi habilidad reporteril. Probablemente me habré informado en el *Broc-*

khaus. Con un *Brockhaus,* todo el mundo es sabio. ¿Qué más da tener la sabiduría en la cabeza que tenerla en el *Brockhaus?* ¿No será igual para hablar, por ejemplo, de la economía política en Europa hojear unas cuantas páginas del *Brockhaus* que rascarse el occipucio?

El *Konversations-Lexikon,* de la casa Brockhaus, es casi centenario. Desde que se publicó la primera edición hasta ahora, una enormidad de sabios se encarga de renovarlo constantemente, añadiéndole todos los descubrimientos, todos los adelantos científicos y artísticos que se realizan. Estos sabios vienen a ganar unos cuatro marcos y medio por día. Es decir, que nosotros los periodistas que nos nutrimos del *Brockhaus,* lo pasamos bastante mejor que aquellos que lo hacen. A mí me dan a veces remordimientos. Me parece como si me comiera la masa encefálica de los redactores del *Brockhaus.* Por esto no tomo nunca sesos en el *restaurant.* Aunque la carta diga que son de ternera, yo creo siempre que son de sabio.

Muchos cafés, muchas cervecerías, muchos *restaurants* y muchos otros establecimientos públicos tienen en Alemania su correspondiente *Brockhaus* al servicio de la clientela. Cuando surge una discusión más o menos científica en una tertulia y hay que buscar una fecha o que aclarar un concepto, se llama al camarero y se le pide el *Brockhaus.* Y cuando hay que escribir a España, lo mismo. Para que vean los amigos que uno no pierde el tiempo en Alemania.

¡Admirable *Brockhaus!* ¡*Sorbona* de mano! ¡Manantial donde sacian su sed de sabiduría todos los pueblos del mundo! ¡Vivero! ¿Para qué publicar más libros, si tú los compendias todos? ¿Y para qué meternos más ciencia en la cabeza, cuando podemos comprarte, a pagar por meses o por semanas, y colocarlas todas, absolutamente todas, en una estantería?

El café de las locuras de grandezas

He ido al café des Westens, y me lo he encontrado casi vacío.

—¿Qué pasa?

—Todo el mundo se va al otro local. ¿No sabe usted que hemos inaugurado un nuevo local?

El café des Westens ha inaugurado, en efecto, un nuevo local. Es casi un palacio, y se encuentra en la Kurfürstendamm, la calle mejor y más rica de Berlín. Allí va ahora un público fino y elegante: mujeres hermosas consteladas de joyas, hombres que se hacen conducir en magníficos automóviles... Sin embargo, este público no vale lo que el público del viejo café des Westens. El viejo café des Westens era el café bohemio de Berlín. Todas las noches se llenaba de poetas, de músicos, de pintores, de modelos y de artistas de teatro. Durante una época, allí no hubo más joya que un diente de oro, propiedad de un pintor húngaro; los amigos le hacían chistes para que se riese, y el pintor húngaro abría la boca y enseñaba su áureo incisivo con tanta ostentación como si lo hubiese pagado. A veces, pedía una ración de queso, y se quitaba el diente para comérsela.

Las muchachas del café des Westens vestían entonces trajes ideados en los talleres de pintura y no en los talleres de modas.

Eran trajes artísticos, es decir, baratos. Los hombres llevaban todos melenas. Allí se hablaba, se versificaba, se componía, se filosofaba y se fumaba. Se hacía todo menos consumir. El humo de las pipas formaba en el aire magníficas quimeras. Las mesas de mármol iban llenándose de versos y de dibujos.

Estaba el viejo café des Westens a dos pasos del Jardín Zoológico. De vez en cuando, un burgués trasponía sus puertas y, completamente desorientado, miraba a aquel público como a una nueva especie de fieras. «¡Qué falta de método la de estos hombres!», debía de pensar el burgués alemán.

Pero entre aquellos hombres los había que luego se hicieron célebres no sólo en Alemania, sino en todo el mundo. A mano derecha de la puerta, en una mesa grande, tomaba su café todas las noches Wedekind, que es hoy el dramaturgo más fuerte de Alemania. Con él se sentaban Oscar Strauss y Max Reinhardt, el actual director del *Deutsches Theater*. Ernst von Wolzogen fundó en aquella misma mesa el *Theater aller Zeiten*, o «Teatro de todas las épocas». Del café des Westens comenzó a irradiar gloria sobre Berlín.

Entonces, el público del café des Westens se convirtió en espectáculo de un segundo público, elegante y rico. Los papás empezaron a llevar allí a sus hijas, y en cuanto veían a un joven muy melenudo, las decían:

—No os riáis, hijas mías. Estos jóvenes desgreñados del café des. Westens todos son genios.

Los jóvenes desgreñados pensaban a su vez que las chicas se enamoraban de ellos, soñando con pasiones románticas, y las chicas, cuando veían a algún artista guapo, decían:

—Si quisiera cortarse el pelo y ponerse un buen traje...

En realidad, a Berlín, que es un pueblo *snob,* lo halagaba el tener un café de pintores y de poetas, un café bohemio y barriolatinesco, un café como los que hay en París.

Y el café des Westens comenzó a ganar dinero, y se construyó un palacio, y ahora es un café elegante y fino, con paredes de mármol y servicios de plata. Así acaba siempre la bohemia, cuando no acaba en el cementerio. La historia del café des Westens es como la historia de Richepín, el vagabundo académico de Francia, para no poner ningún ejemplo español.

Los virtuosos

Todos los días se celebran en Berlín seis, siete, ocho conciertos. Los virtuosos de todo el mundo se pasan un año, dos o los necesarios, ahorrando dinero, vienen a Berlín, alquilan un local, regalan las entradas, demuestran luego sus habilidades ante una docena escasa de personas, y se van por donde han venido. Parece que eso de rascar un violín o de golpear un piano en una sala desierta de Berlín tiene verdadera importancia.

Es indudable que en Berlín hay un público de conciertos más numeroso que en Madrid, por ejemplo. En Madrid no hay público de conciertos porque no hay conciertos, y porque a los pocos que hay no se puede asistir sin pagar la entrada. Aquí, en cuanto los empresarios se enteran de que un señor es aficionado a la música, lo inundan de entradas, y son capaces de besarlo en la cabeza para que las utilice, a fin de que sus virtuosos no toquen ante las butacas vacías. Esta es la razón principal de que en Berlín haya un público de conciertos. Se es aficionado a conciertos porque no se puede ser aficionado a otros espectáculos. Hay aficionado a conciertos que preferiría el circo; pero mientras no mejora de fortuna sigue oyendo a Bach y a Beethoven.

A la larga, la mayoría de este público de gorrones acaba por entender efectivamente algo de música.

Luego, hay los críticos. Son unos hombres solemnes, imponentes, con gafas, y en los que se da una particularidad digna de mención: la de que están calvos y tienen melenas al mismo tiempo. Estos hombres no suelen oír más que la primera parte de cada concierto. Después de la primera parte se van, generalmente con un aire muy indignado, a escribir media docena de líneas despectivas sobre lo que han oído. Por esta media docena de líneas es por lo que los virtuosos se gastan los ahorros de toda su vida y se vienen a Berlín.

Yo he sido aficionado a conciertos durante una temporada en la que me encontraba algo corto de dinero. No lo seré más en mi vida. Prefiero un malabarista que juega con bolas de celuloide o con cartas, a estos hombres mal peinados que quieren hacer ejercicios de prestidigitación con la *Pastoral*. Por lo demás, todos estos hombres perderán más pronto o más tarde su virtud y sus pelos, y acabarán tocando valses y tangos en los casinos de playa y en los *restaurants* nocturnos. Kubelick sólo ha nacido uno; Paderewsky, otro...

Afortunadamente.

El cronista y la cocinera

Parece que un periódico madrileño protesta contra el exceso de palabras alemanas que yo empleo en mis artículos. Desde luego, las palabras alemanas no contribuirán a darme una fama de escritor ameno. Al lector que se las encuentre en mi modesta prosa deben producirle el efecto de un hueso en un trozo de carne que hubiera llevado a la boca. Las palabras alemanas son algo duro y difícil de roer. Uno se expone a perder su público si abusa de ellas y a que le echen de los periódicos, como se echa de las casas a esas cocineras que sirven los mariscos con arena. Las palabras alemanas pueden darme un disgusto. Pueden arruinar de golpe todo mi porvenir. Yo, la verdad, las había mirado siempre con prevención.

Pero no es exacto que yo emplee en mis artículos muchas palabras alemanas. Es que cada palabra parece veinte. Yo las copio precisamente para que los lectores admiren sus proporciones. Me propongo con ellas obtener un efecto puramente visual, y de ninguna manera tengo la pretensión de que el público las entienda. Ante una palabra alemana, yo le recomiendo al lector que se aleje un poco, que busque un buen punto de vista y que entorne algo los párpados. Así la apreciará en toda su magnitud. Si el lector viera las palabras alemanas impresas en caracteres góticos, como las imprimen aquí todos los periódicos; si viera estas *kas* que parecen lanzas con banderitas en la punta, estas *ees* mayúsculas como arcos de flechas en tensión, estas series de *eses* semejantes a caballos que caracolean, entonces podría decir que había presenciado un espectáculo grandioso.

Desgraciadamente, los caracteres latinos carecen de esta majestad medieval que tienen los góticos. Una palabra alemana en caracteres latinos es algo así como lo que sería una estatua del Gran Elector con americana y sombrero hongo.

Otra de las razones que me impulsan a usar palabras alemanas es puramente egoísta, y creo haberla expuesto ya francamente en una ocasión. Como las palabras alemanas son tan largas, un par de ellas que yo copie me hacen casi medio artículo.

Pero no abusaré. El público es frívolo, ligero. Quiere que le digan las cosas de una manera rápida, fácil, agradable y sin palabras alemanas.

El pueblo alemán

Llevo ya dos años en Alemania, y todavía no me he enterado de que aquí haya un pueblo. He visto que hay una filosofía y una industria textil, un gran ejército y mucho arte musical; pero lo que se llama un pueblo, eso no lo he visto. En Francia hay una autoridad y un pueblo; la influencia del pueblo francés se nota en las costumbres, en el lenguaje, en todo. En España hay pueblo, pero no hay autoridad. En Alemania hay autoridad, pero no hay pueblo. Hay, claro es, empleados y menestrales, albañiles y dactilógrafas, porteras y carpinteros; pero el ideal de esta gente no consiste en gobernarse, sino en ser gobernada. Muchas leyes y muy pocas costumbres. Mucha crítica y muy poca literatura. Mucha autoridad y muy poco pueblo. Las costumbres alemanas son una consecuencia de las leyes, al revés de lo que sucede en todas partes. La literatura –hecho monstruoso, observado ya por Mme. de Staël y por Heine– es una consecuencia de la crítica. El pueblo es una consecuencia de la autoridad. Alemania, como los tintes y como los perfumes alemanes, viene a ser una especie de producto químico sintético, una cosa hecha artificialmente, en fuerza de tenacidad y de inteligencia. Veamos la marina alemana. En otros pueblos, primero ha habido el mar; luego ha habido marineros, y después, como una consecuencia de la posición geográfica y de las tradiciones marítimas, ha habido una gran marina. En Alemania, de la noche a la mañana se hizo una escuadra de primer orden; hecha la escuadra, se hicieron los marineros, y ahora se trata de buscar un mar abierto, un mar amplio y libre. Las tradiciones marítimas serán lo último... Veamos el comercio y la industria. Alemania ha creado una gran industria y un gran comercio, y creadas ambas cosas, los alemanes se han improvisado en comerciantes e industriales. Luego, Alemania ha empezado a buscar mercados.

Yo no me explico la existencia de verbos irregulares en alemán. El alemán es el idioma más lógico del mundo. Es un idioma hecho por los sabios, y en el que el pueblo no ha influido para nada. Todas las palabras del alemán están nuevas, flamantes, y le recuerdan a uno esas palabras que se crean para designar las invenciones científicas: teléfono (de tele, distancia, y fonos, sonido), telégrafo, cinematógrafo... En alemán, las cerillas se llaman *Zündhölzer,* de *zünden* (encender) y *Hölzer* (maderas); los guantes se llaman *Handschuhe,* de *Hand* (mano) y *Schuh* (zapato); el pañuelo se llama *Taschentuch, de Tasche* (bolsillo) y *Tuch* (paño)... Todas estas palabras parecen acabadas de hacer. El pueblo no las ha modificado, no las ha corregido, no les ha infundido nunca su espíritu.

¿Dónde está el pueblo alemán, si no está en las costumbres, ni en las tradiciones, ni en los gustos, ni en el lenguaje? El pueblo alemán come lo que le dicen los médicos que es más sano y lee lo que le aseguran los críticos que es mejor. En todas las casas alemanas donde yo he vivido he observado que la servidumbre leía a Goethe y a Schiller. ¿Cultura? No. Es que la portera española que lee a Ponson du Terrail en vez de leer el *Quijote* tiene un gusto literario, un gusto, malo o bueno, cultivado o no, pero un gusto al fin, y la servidumbre alemana, como carece de gusto, lee lo que le dicen los críticos.

El ideal del pueblo alemán, como he dicho antes, no consiste en gobernarse, que es en lo que consiste el ideal de todos los pueblos, sino en que lo gobiernen. Así como al español le irritan esos letreros que le prohíben subir al tranvía por una plataforma, obligándole a hacerlo por la otra, para poner un solo ejemplo, al alemán esos letreros le encantan. Él quiere que lo gobiernen lo más posible, así como nosotros queremos que nos gobiernen lo menos posible. Quiere que le gobiernen el andar, el escupir y el subir al tranvía. Nuestra fórmula es un mínimo de gobierno y un máximo de libertad individual. La suya es un máximo de gobierno, a fin de gastar el mínimo de iniciativa personal.

—Pero ese pueblo –dirá alguien– tiene un Parlamento y tiene una representación parlamentaria formidable.

En efecto, Alemania tiene un Parlamento que puede discutir y que puede combatir al Gobierno; pero una vez discutido y una vez combatido por todo el Parlamento en pleno, un canciller alemán sigue siendo tan canciller alemán como si no lo hubiera discutido ni combatido nadie. El partido socialista alemán dispone de una enorme representación en Cortes; pero cuando los socialistas alboroten demasiado, el káiser no tendrá más que cerrar el Reichstag para quedarse tranquilo.

No. No hay pueblo en Alemania. No hay esa fuerza inmensa, profunda, inconsciente, peligrosa y alucinante que se parece al mar y que se llama el pueblo.

NIETZSCHE EL SOLITARIO

ELISABETH Förster Nietzsche, la hermana de Nietzsche, acaba de publicar un libro con este título: *Nietzsche el solitario* (*«Der einsame Nietzsche»*). El libro ha sido editado en Leipzig por Alfred Kröner. Es un libro de piedad y de ternura; un monumento de amor fraternal, según lo llama un crítico.

¡Nietzsche! Su genio es considerado por muchos un genio latino, mediterráneo. A mí ningún escritor me da una impresión más grande de lo que pudiéramos llamar *alemanismo.* Su filosofía es la filosofía de este pueblo fuerte, grande, sano, joven y lleno de apetitos. Cada alemán es un nietzscheano, aunque nunca haya leído a Nietzsche. Lo es orgánicamente, por el peso, por la estatura, por los músculos, por el estómago. Cuando un alemán va por la calle —un alemán típico—, parece como si fuera repitiendo la máxima de Nietzsche: «Perezcan los débiles». Y si los débiles no se apartan, pues perecen. «Perezcan los débiles: he aquí el principio de nuestro amor al hombre...» Yo no puedo leer esto sin representarme un batallón alemán en marcha. Todo ejército es un poco nietzscheano, como todo ejército es un poco alemán; pero el ejército alemán es nietzscheano especialmente.

Yo recuerdo muy bien la entrada de la filosofía de Nietzsche en Madrid. Entró después de la cerveza y de las coles fermentadas, que le sirvieron de *hors d'œuvres.* Venía traducida de segunda mano, en tomos de a peseta, con un Nietzsche muy bigotudo en la portada. Se consumía en algunas cervecerías, con las coles y la cerveza susodichas. Tuvo un éxito de cosa nueva, de *snobismo;* un éxito puramente intelectual, y pasó. Estábamos todos muy mal alimentados para ser nietzscheanos. No poseíamos ni el peso ni la estatura; necesarios.

Pero en Alemania, no. El alemán es nietzscheano orgánicamente, como lo es el gato con respecto a la rata. La moral de sus músculos, su moral orgánica, es nietzscheana pura, y el genio de Nietzsche es un producto alemán auténtico. *Made in Germany.*

El mismo lenguaje de Nietzsche es tan alemán, que sólo puede compararse al alemán de Lutero, del que tiene no sólo la fuerza, sino también la forma.

El caudillo en las nubes

El 24 de julio de 1870, cinco oficiales alemanes y siete soldados de caballería fueron enviados a hacer un reconocimiento en territorio francés. Hacía unas horas que se había declarado la guerra, y el ejército alemán no había traspuesto aún la frontera de Francia. Entre las filas francesas, la noticia de la pequeña invasión se extendió como un fuego. Se dieron órdenes rápidas.

Había que apoderarse de los doce invasores, muertos o vivos. Perseguidos por todos los lados, los alemanes tomaron la huída Un teniente, el teniente Winsloe, cayó de su caballo herido de muerte. Este teniente fue la primera víctima de la gran campaña. Tres oficiales más y los siete soldados, rodeados por el enemigo, tuvieron que rendirse ante la superioridad del número. Sólo un oficial se salvó. Cabalgando a toda velocidad, su caballo fue herido de lanza por un jinete francés. El oficial alemán abatió a su enemigo de un sablazo, le quitó la montura y volvió a Alemania con todos los datos que necesitaban sus jefes.

Aquel oficial era el conde Zeppelin. Zeppelin había combatido ya, años atrás, en la Guerra Americana de Secesión. Un día en que el ejército federal resolvió espiar los movimientos del adversario mediante un globo cautivo, Zeppelin subió. Y de aquel globo cautivo han nacido estos enormes dirigibles, *dreadnoughts* del aire, que le dan a Alemania tanta confianza y tanto orgullo.

Fue en 1892, retirado del ejército con el grado de general de caballería, cuando Zeppelín se dedicó de lleno a la aviación. «Quiero construir un navío –decía él entonces, con palabras que traduzco casi literalmente– capaz de viajar hasta sitios que no pueden ser alcanzados por mar ni por tierra. Mi globo dirigible debe poder viajar varios días sin renovar el gas ni las provisiones; su velocidad debe ser rápida y segura; sus movimientos de ascenso y de descenso deben ser fáciles».

Estas palabras produjeron en toda Alemania una hilaridad estupenda. El conde Zeppelin comenzó a salir en coplas. Durante mucho tiempo fue el tema predilecto de los cabaretistas y de los autores de revistas teatrales. Para llamarle a uno loco, se le llamaba Zeppelin. Si algunos lo consideraban cuerdo, era únicamente en atención a sus peticiones de dinero. Zeppelin, en efecto, le pedía entonces dinero hasta a su sombra. Quería dinero para construir un globo convencer a la gente. Cansado de las negativas que obtenía en su patria, llegó a dirigirse a un millonario norteamericano, propietario de varios periódicos. Le pedía cien mil marcos y le hipotecaba... su porvenir.

—*Crazy* –pensó el yanqui.

Y le contestó diciéndole que él no prestaba nunca oídos a los visionarios. Zeppelin invirtió toda su fortuna personal y la de su familia en la construcción de varios modelos; pero la práctica no respondía a la teoría, y los dirigibles no volaban. Uno de ellos estalló. A raíz de la explosión se cantaban en Berlín, con aire de *cakewalk,* los siguientes versos:

> *Zeppelin, du hast ein Luftschiff gemacht,*
> *er ist explodiert*
> *und du bist blamiert...*

Pero el antiguo oficial que al comienzo de la guerra franco alemana había sabido abrirse un camino a través de las filas francesas, no era hombre para desanimarse mientras tuviera vida.

El «Zeppelin III» apareció en los aires, enorme, seguro y magnífico, en el verano de 1907. Los alemanes lo veían navegar, y no podían dar crédito a sus ojos. Aquel zepelín realizó seis vuelos, el último de los cuales duró ocho horas, y cubrió una distancia de 200 millas. Zeppelin no estaba loco. ¿Quién había dicho nunca que estuviese loco? Lejos de estar loco, poseía el cerebro más equilibrado de toda Alemania... Comenzó a comparársele a Galileo y a otros hombres de ciencia que también pasaron por locos en un tiempo. Zeppelin dejó de ser un tema de canciones alegres paras convenirse en motivo de himnos patrióticos. Pasó de la revista a la epopeya, de la caricatura al retrato apologético con orla de laurel, al bronce y al mármol. No se hablaba más que de Zeppelin. Salieron a la venta alfileres de corbata en forma de globo dirigible, pañuelos de bolsillo con un zepelín impreso, y hasta surgieron en los *restaurants* algunos platos «a la zepelín». El conde Zeppelin tuvo dinero a manos llenas. El Gobierno, además de comprarle el «Zeppelin III», le dio ciento veinte mil marcos para experimentos sucesivos. En el Reichstag se votó una ley autorizando al conde para lanzar una lotería y recabar fondos.

Entusiasmo delirante. Exacerbación del patriotismo. El mundo entero conquistado en un porvenir muy próximo. La Luna, posesión alemana. Un mercado en el Sol para los fabricantes alemanes de botones. *Deutschland über alles!*

El renovador del teatro

TODO Berlín ha asistido a la representación de *El milagro. El milagro* es un drama sin palabras, original de Vollmöller. Original... relativamente. Hay quien dice que *El milagro* está tomado de una obra de Villiers de l'Isle Adam; otros le encuentran un gran parecido con *Soeur Beatrice,* de Maeterlinck. Pero lo importante de *El milagro* es la *mise en scéne,* que ha sido dirigida por Max Reinhardt. Max Reinhardt es el reformador del teatro alemán. El teatro, según él, no es exclusivamente una institución moral, ni tampoco una institución literaria. El teatro es teatro. Nada de escribir obras para que los actores se luzcan; nada de supeditar los actores al lucimiento literario de los autores. Los unos no se pertenecen a los otros, sino que todos ellos se pertenecen al teatro. El buen actor debe hacer hoy de trágico y mañana de *clown.* Autores y actores pueden tener toda la genialidad que quieran; pero no deben considerar nunca la escena como una tribuna al servicio de ellos, sino que deben considerarse ellos mismos elementos al servicio de la escena.

Convencido de esta teoría, Max Reinhardt ha suprimido versos magníficos de Shakespeare, que demostraban el genio literario del sublime dramaturgo, pero que, a su juicio, sobraban en la escena, y como Shakespeare fueron sacrificados Schiller, Goethe y otros muchos. Los enemigos de Max Reinhardt protestaban indignadísimos. *El sueño de una noche de verano, Los bandidos,* el *Fausto,* todo esto, puesto en escena por Max Reinhardt resultaba muy bien; pero no era Shakespeare, Schiller ni Goethe. Era Max Reinhardt. Se acusaba al gran *régisseur* de mutilar páginas admirables, obras verdaderamente maestras.

«Esas obras maestras no tienen nada que pintar en escena –decía él–. La escena no debe someterse a las obras maestras. Lo que yo hago es lo que debe hacerse: adaptar las obras maestras a la escena».

Max Reinhardt, que es judío austríaco, ha tenido que sostener una lucha espantosa hasta llegar a la dirección del Deutsches Theater. Todavía tiene muchos enemigos; pero ya está consagrado. Además de su popularidad en Alemania, es conocido en Londres, en París, en Nueva York, en San Petersburgo, en Moscú, en Viena, en Budapest y en Estocolmo. Todas esas ciudades han visto sus prodigios de *mise en scène,* y todas lo han aplaudido. La *mise en scène* de Max Reinhardt es realmente prodigiosa. «En el teatro –dice Max Reinhardt–, el ojo tiene exactamente los mismos derechos que el oído». Y no sólo el ojo, sino hasta la nariz. Cuando en una obra puesta en escena por Max Reinhardt aparece ante el espectador una cafetera, dentro de esta cafetera hay un café auténtico, muy superior al de los cafés, y cuyo aroma flota por todo el teatro.

El milagro ya se había representado en Londres, en el gigantesco *hall* del Olimpia. Para representarlo en Berlín, Max Reinhardt alquiló el Zirkus Buch. La pista y todo un lado del enorme anfiteatro constituían la escena, que simulaba una vasta iglesia. En lo alto, donde antes se balanceaban los trapecios de los acróbatas, iban a perderse unos formidables pilares góticos. A través de los historiados ventanales penetraba una luz mortecina. Invisibles campanas tocaban el ángelus... Había cerca de quinientos actores y unos cuatro o cinco mil espectadores.

El gesto de un actor aislado nos deja indiferentes la mayoría de las veces. Podemos admirar su talento; pero nada o muy poco más. En cambio, ¿quién no se estremece ante la pasión de una multitud entera que ríe o que llora? Y por esto el ideal de Max Reinhardt es formar un teatro donde trabaje, por lo menos, medio millar de actores. En este teatro *kolossal,* que irá muy bien con los gustos arquitectónicos alemanes, el coro será como un espejo de aumento, donde se agigantarán las emociones expresadas por los actores, para proyectarse luego sobre el público con una intensidad formidable. Todos somos un poco corderos, un poco bestias de rebaño. Ante la pasión de una muchedumbre de quinientas personas, el espectador acaba por olvidarse de su condición de espectador, por apasionarse a su vez, por llorar o por reír, interviniendo así en la obra, colaborando en ella, siendo como una prolongación del coro, que es lo que quiere Max Reinhardt. Y algo de esto se ha visto ya en *El milagro.*

Claro que Max Reinhardt es muy discutible. Yo no quiero conquistar a nadie para el maxreinhardtismo, al cual no pertenezco yo tampoco; pero las teorías de este gran renovador del teatro merecen perfectamente la pena de ser conocidas.

El pigmeo gigantesco

Von Heydelbrand es el más chiquito de todos los grandes hombres alemanes. Con él y con Bethmann Hollweg pudiera hacerse un número de *variétés* sensacional: el hombre más pequeño y el hombre más grande de la Alemania moderna. Un día, en el Reichstag, que es una asamblea de gigantes, llamó mi atención un viejecito cuya cabeza asomaba tímidamente sobre los papelorios del pupitre.

—Con una estatura tan insignificante –le dije al amigo que me servía de cicerone–, ese hombre no podrá nunca ser gran cosa en Alemania.

—¿Ese hombre? –exclamó mi amigo–. Ese hombre es Von Heydelbrand.

Me quedé atónito.

—Será un Von Heydelbrand de bolsillo...

Pero no. Era el auténtico, el grande, el formidable Von Heydelbrand. Era el «rey sin corona de Prusia». Era el jefe de la Liga Agraria, la organización política más poderosa de toda Alemania. Ante él temblaban no ya los ministros, sino también los cancilleres. Una zancadilla de sus piernas raquíticas había bastado a echar por tierra al príncipe Von Bülow...

Y no sólo los ministros y los cancilleres temían a Von Heydelbrand. El káiser quiso una vez reformar la ley Electoral de Prusia, y así lo expresó en un discurso; pero Heydelbrand no quiso, y la reforma no se realizó. Porque Heydelbrand es el partidario más acérrimo del káiser..., a condición de que el káiser le deje hacer lo que él quiera.

Unser König absolut
Wenn er unseren Willen tut...

Estas palabras, que cantan los amigos políticos de Von Heydelbrand con música de la *Marcha Real* prusiana, quieren decir lo siguiente: «Nosotros somos partidarios de un rey absoluto, siempre que este rey haga nuestra voluntad».

Los miembros de la Liga Agraria se reúnen todos los años en Berlín, poco más o menos por esta época. Yo los he visto un día, enormes y sonrosados, con las piernas al aire y unos sombreros ornados de plumas multicolores. Parecían una *troupe* de *music-hall,* y eran los dueños de Alemania, los *junkers,* los señores de la tierra en Pomerania y en Silesia, en Prusia y en el Brandeburgo.

La transformación de Alemania de un país agrícola en un país industrial no había sido, por obra de ellos, ni todo lo rápida ni todo lo brillante que debiera haber sido. En sus manos estaban las riendas del Gobierno, a pesar de que el elemento agrario no llega a constituir ni siquiera un veintinueve por ciento de la población alemana. Su organización política era una de las menos numerosas; pero era, sin embargo, la más poderosa de toda Alemania. Y el líder de aquellos gigantes, «el rey sin corona de Prusia», era Von Heydelbrand, un hombre con estatura de *jockey* o de chico de recados.

Von Heydelbrand ha sido en Alemania uno de los partidarios más decididos de la guerra. Eso sí, cuando se trató de crear un impuesto sobre la renta, para cubrir el déficit producido por las construcciones navales, Von Heydelbrand se opuso; pero siguió invocando la guerra. La invocó, llegando hasta a atacar al káiser por no declararla en una ocasión memorable. Bethmann Hollweg irguió ante el irascible pigmeo su formidable estatura y le dijo:

—Su señoría me hace pensar en un guerrero que llevara la espada en la boca.

Ahora, Von Heydelbrand ha publicado unas declaraciones pangermanistas en el *Lokal Anzeiger.* Él quiere una Alemania más grande. ¡Él, que, con un poco de buena voluntad, podría bañarse en una palangana! Afortunadamente, existen otros políticos que, más modestos que Von Heydelbrand, quieren únicamente una Alemania mejor.

Ernesto Haeckel

El 16 de febrero de 1834, Carlos Darwin, que se hallaba entonces en Sudamérica estudiando los huesos de razas animales muertas, pensaba por primera vez en la posibilidad de una teoría evolutiva que explicase el origen de las especies. Aquel mismo día nacía en Potsdam, Ernesto Haeckel, cuyo ochentenario se ha celebrado con júbilo en toda Alemania. Haeckel fue el apóstol, fue el artista, fue el sacerdote de la teoría darwiniana. Él la sacó del campo de la ciencia pura para aplicarla a la vida. Hizo de ella una filosofía y una religión: el monismo, «religión razonable». Estas religiones razonables no tienen gran éxito. Explican las cosas de una manera clara y sencilla, suprimen los misterios, y vienen a ser algo así como *el Baedeker* de ese país de maravilla que es la ultratumba, al que le dan un carácter de vulgaridad horrible.

De estudiante, Haeckel tenía dos herbarios, uno oficial y otro particular. La ciencia oficial no admitía entonces en los herbarios más que ejemplares definidos, típicos. Las plantas de género dudoso, los ejemplares que no estaban bien caracterizados, éstos eran despreciados de una manera olímpica por los hombres de ciencia. Haeckel no los despreciaba. Al contrario, se interesaba extraordinariamente por ellos y los indemnizaba de las humillaciones oficiales llevándolos a su herbario particular, donde comenzaron a adquirir por primera vez una cierta personalidad científica. Había en esta conducta de Haeckel algo de piedad hacia los pequeños, los postergados, y una curiosidad que era toda una anticipación del darwinismo. Un día, examinando esqueletos en un museo de anatomía comparada, Haeckel le decía a un profesor:

—Y todos estos vertebrados, tan semejantes en su constitución esquelética, ¿no se derivarán acaso de una forma originaria única?

Los padres de Haeckel exigían de él que se dedicase al ejercicio de la medicina. Haeckel los obedeció. Durante un año fijó sus horas de visita entre las cinco y las seis de la mañana. Tuvo tres enfermos.

Luego se fue a Italia. Bajo el cielo de aquel país de arte, se hizo pintor. Su melena, que es hoy una melena de apóstol y de sabio, estuvo a punto de convertirse en una melena de artista, y probablemente de artista bohemio. Haeckel pintó algunas acuarelas en Sicilia, y luego se dedicó a estudiar radiolarios, sobre los que publicó una obra, que le valió la cátedra de Jena. En esa obra hay unas láminas ilustrativas que revelan el breve pasado pictórico de Haeckel.

Mientras Haeckel estudiaba radiolarios, en 1859, Darwin publicaba el *Origen de las especies.* Para la ciencia alemana, el *Origen de las especies* era el libro de un loco. Haeckel fue el primero y el más grande de los sabios alemanes que se dejaron convencer. En realidad, estaba convencido ya antes de la aparición del libro. Se celebró un congreso de naturalistas en Stettin, y allí Haeckel hizo su profesión de fe darwiniana. Luego publicó su *Morfología general de los organismos.* Después hizo una filosofía; en seguida fundó una religión...

Los periódicos ilustrados han publicado el retrato del gran viejo con su luenga cabellera blanca, sus barbas de seda, su amplia levita, su paraguas y un enorme sombrero chambergo.

El periodismo alemán

He aquí el *Lokal Anzeiger.* Bajo el título dice: «Año treinta y dos». Estos treinta y dos años del *Lokal Anzeiger* son toda la historia del periodismo alemán.

Claro que en Alemania hubo muchos periódicos antes del *Lokal Anzeiger.* La ciudad de Augsburgo tuvo uno en 1505. Berlín tuvo otro en 1628. Sin embargo, puede afirmarse que una generación atrás no existía aquí verdadero periodismo. Todos los periódicos eran entonces una cosa así como la que es hoy el diario *Germania,* órgano del partido del centro. *Germania* viene a recibir un telegrama cada treinta años, poco más o menos: cuando muere un papa.

¿Crónicas de la vida diaria? ¿Artículos informativos? ¿Telegramas? ¿Cablegramas? ¿Telefonemas? La introducción de estos elementos en el periodismo alemán, hace cosa de treinta años, produjo una indignación tan grande, que el *Lokal Anzeiger,* su introductor, fue apodado *Skandal-Anzeiger.* Los lectores compraban entonces la prensa para ver si había algo nuevo sobre la filosofía de Platón o para conocer las últimas novedades metafísicas. El escritor escribía para un periódico diario como pudiera escribir para que sus palabras se grabaran en bronces eternos. Se le daba la preferencia a los periódicos mejor informados en ciencias morales, como hoy se le da a los que publican más noticias. Kant, Fichte, Schopenhauer, Hegel... «Los periódicos alemanes –decía un escritor inglés– tienen caracteres góticos y un estilo también gótico».

Cuando la guerra franco prusiana, hubo algunos periódicos alemanes, como la *Gaceta de Colonia* y la de *Fráncfort,* que enviaron al terreno redactores especiales; pero aquello fue excepcional. Caían Ministerios, estallaban revoluciones, se desbordaban ríos, se inflamaban volcanes, se estremecía la tierra, y el lector alemán no se enteraba. Sus periódicos seguían hablándole de Platón, en estudios sapientísimos. Cuando un periódico tiraba entonces cinco mil ejemplares, se le consideraba un periódico de grandísima circulación.

El *Lokal Anzeiger* comenzó siendo un periódico semanal, y a los dos años se transformó en diario. «Menos opiniones y más noticias» decía su fundador, Augusto Scherl, que vive y que trabaja todavía. «Cien marcos de noticias –decía también– producen más que mil de metafísica». El *Lokal Anzeiger* envió redactores a las capitales más importantes de Europa; hizo uso del cable, del telégrafo y del teléfono, y puso a sus lectores en contacto inmediato con el mundo. Al mismo tiempo, el *Lokal Anzeiger* buscaba lectores estableciendo diferentes sucursales en la capital, regalando extraordinarios, organizando concursos. Lo primero era que el periódico fuese interesante; lo segundo, que este periódico interesante no se publicara en secreto. Y, sobre todo, esta divisa: «La mejor política de un periódico es no tener ninguna».

El éxito fue enorme. El *Lokal Anzeiger* llegó a tirar cien mil, ciento cincuenta mil, doscientos mil ejemplares. Multiplicó sus ediciones, lanzó publicaciones secundarias...

Y al empuje del *Lokal Anzeiger* fue creándose un público de periódicos y un tipo de periodistas, y fueron naciendo otros diarios, como el *Berliner Tageblatt,* que hoy tiene la supremacía, ya que el *Lokal Anzeiger* es en la actualidad un periódico francamente oficioso.

El periodismo moderno alemán representa un esfuerzo tan grande como la marina alemana, y su Tirpitz es Augusto Scherl, el fundador del *Lokal Anzeiger,* que ya no tiene nada de escandaloso. Del periodismo antiguo queda la famosa *Germania,* dedicada a informar al público sobre el fallecimiento de los papas; la *Kreuz Zeitung,* que se ocupa de literatura y metafísica, y la *Gaceta de Voss,* el gorro de dormir alemán, llamada vulgarmente *Tía Voss.*

Luis III de Baviera

La historia de los reyes bávaros podría yo contársela aquí mismo, toda entera, a los lectores. El primero fue Maximiliano, nombrado rey por Napoleón. El segundo, Luis, tuvo dos ardientes pasiones: Grecia y Lola Montes. Por amor de Grecia, tanto como por amor de Lola Montes, Luis I llenó a Múnich de monumentos helénicos. Fue un artista y un Mecenas. Lola Montes le costó la corona y muchísimo dinero.

A Luis I le sucedió en el trono Maximiliano II. Luego vinieron Luis y Otón, ambos locos de remate. ¿Quién no conoce la locura genial de Luis II, su amistad con Wagner y su muerte misteriosa, ahogado en el lago de Starnberg? La locura de Otón es mucho más triste, mucho menos brillante y literaria. Cuando hubo que ir a notificarle el cambio hecho en la Constitución bávara, su destitución y la promoción al trono del príncipe regente, unos cuantos personajes, muy uniformados, se acercaron a él, a través de una reja, y comenzaron, muy serios, a leerle unos pergaminos. Otón se puso a cuatro pies y rompió a ladrar. No hubo medio de espetarle los discursos protocolarios. La comisión abandonó el castillo. El que más y el que menos, todos se daban cuenta de que su misión era un poco ridícula.

El nuevo rey de Baviera, Luis III, tiene cerca de setenta años. Es un bávaro gordinflón, barbudo y campechanote. Uno se lo imagina en una *Bräuhaus* comiendo salchichas, bebiendo cerveza, fumando una pipa descomunal y hablándose de tú con la camarera. Yo no lo he visto más que en el cinematógrafo, entre otros príncipes alemanes, todos muy tiesos, muy estirados y muy militares. El entonces príncipe regente, con sus barbas burguesas y su panza patriarcal, hacía allí un papel muy poco lucido. Sin embargo, él era de los poquísimos que se habían batido. Luis III se batió en el 66. Se llamaba entonces teniente Luis de Wittelsbach. Baviera estaba unida a Austria. En aquella ocasión, el hoy rey de Baviera fue herido, y lo fue precisamente por una bala prusiana. Es curioso, ¿verdad? Pues hay algo más curioso todavía. Aquella bala no ha podido nunca extraérsele a Luis de Wittelsbach. El rey de Baviera lleva aún hoy plomo prusiano dentro del cuerpo. Hablando de esto, se recuerda una anécdota. Cuando la coronación del zar en Moscú, alguien alzó su copa en honor del príncipe Enrique, hermano del emperador de Alemania, y «de su séquito». Luis de Baviera se levantó indignado:

—Yo no pertenezco al séquito de nadie —dijo—. Los príncipes alemanes no son vasallos del emperador, sino sus aliados y sus iguales.

Pero no se deduzca de aquí que Luis III sea un rebelde ni muchísimo menos. Su especialidad política tiende precisamente a aumentar las relaciones de Baviera con el resto de Alemania por medio de una red de vías fluviales. Este rey, que parece un Gambrinus, es, sin embargo, completamente hidráulico. ¡Quién sabe si el Sr. Gasset no llegará también a ser rey algún día!

Por lo que respecta al incidente de Moscú, hay que tener en cuenta que Baviera es el Estado alemán más celoso de su autonomía. Su ejército es independiente. Lo único que puede hacer el emperador es inspeccionarlo, y esto de acuerdo con el rey. Además, Baviera tiene representantes especiales en Berlín, en Dresde, en París, en Viena, en Roma y en San Petersburgo; en Roma tiene una representación ante el Rey y otra ante el Papa.

Bien venido sea al trono de Baviera este Luis III, enorme y barbudo, gordo y patriarcal, y que viva tantos años como su padre, el príncipe regente Luitpold, que a los noventa todavía cazaba ciervos en las inmediaciones de Múnich...

Índice

SEGUNDA PARTE

CON LOS BÁVAROS

TERCERA PARTE

OTRA VEZ CON LOS PRUSIANOS

Alemania, de JULIO CAMBA, salió
de la imprenta Kadmos de Salamanca
el 20 de agosto de 2012